“十四五”高等院校经济管理专业应用型人才培养规划教材

# 统 计 学

廖颖文 胡洪林 黄译莹 戴欧阳 主编

中国铁道出版社有限公司
CHINA RAILWAY PUBLISHING HOUSE CO., LTD.

## 内容简介

本书系统讲述了统计学的基本理论、方法和作用。全书共分为十章,包括绪论、统计调查、统计数据的整理、统计数据的描述、统计指数、参数估计、假设检验、时间序列、相关与回归分析,以及 Excel & SPSS 在统计中的应用。本书突出体现了统计学的应用性、层次性和趣味性,尽量引用最新的理论和最前沿的资料,使理论与实践更加贴切,在培养学生统计学能力的同时提升其综合素养。

本书适合作为高等院校经济管理专业教材,也可作为经济管理工作者和经济研究人员的参考用书。

**图书在版编目(CIP)数据**

统计学/廖颖文等主编. —北京:中国铁道出版社有限公司,2022.11

“十四五”高等院校经济管理专业应用型人才培养规划教材

ISBN 978-7-113-29752-7

Ⅰ.①统… Ⅱ.①廖… Ⅲ.①统计学-高等学校-教材 Ⅳ.①C8

中国版本图书馆 CIP 数据核字(2022)第 193808 号

**书　　名:统计学**
**作　　者:**廖颖文　胡洪林　黄译莹　戴欧阳

---

**策　　划:**祝和谊
**责任编辑:**贾　星　贾淑媛　　**编辑部电话:**(010)63549501
**封面设计:**廖颖文
**封面制作:**高博越
**责任校对:**焦桂荣
**责任印制:**樊启鹏

---

**出版发行:**中国铁道出版社有限公司(100054,北京市西城区右安门西街 8 号)
**网　　址:**http://www.tdpress.com/51eds/
**印　　刷:**三河市宏盛印务有限公司
**版　　次:**2022 年 11 月第 1 版　2022 年 11 月第 1 次印刷
**开　　本:**787 mm×1 092 mm　1/16　**印张:**8.75　**字数:**223 千
**书　　号:**ISBN 978-7-113-29752-7
**定　　价:**29.00 元

---

# 前　言

在当今的大数据时代，数据信息呈几何级数增长，各类数据的采集、处理、辨识和分析已经成为各行各业日常工作的重要内容，作为数据处理和技术分析的统计方法越来越广泛地应用于科学研究、生产管理、经济分析和经营决策的各个方面。因此，对于任何人而言，学习一些统计学知识，掌握基本的统计学思想、方法和统计分析工具，都是十分重要和必要的。

在高等教育中，统计学始终是经济管理专业的核心课程之一。同时，统计学也是经济管理工作者和经济研究人员必备的一门知识。它研究如何用科学的方法去搜集、整理、分析国民经济和社会发展的实际数据，并通过统计学方法反映社会经济活动发展规律在一定时间、地点、条件下的作用，描述社会经济活动数量之间的关系和变动规律。此外，它也是进一步学习其他相关学科的基础。

学习统计学的目的是使学生系统地掌握统计学的基本原理、基本内容和基本方法，提高经济分析和经济信息处理能力。本书突出体现了统计学的应用性、层次性和趣味性，引用最新的理论和前沿的资料，使理论与实践更加贴切，同时融入课程思政元素，在培养学生统计学能力的同时提升其综合素养。本书所有案例均采用真实新颖的统计资料，这有助于学生及时更新知识系统，紧跟时代潮流，帮助学生顺利与工作岗位接轨。除了理论部分，本书还特别增加了内容丰富、完整系统的软件实操部分，即第10章的计算机软件实操。该部分重点介绍运用Excel和SPSS进行数据处理，使枯燥、烦琐的数据处理工作变得生动、有趣、便捷，培养学生运用各类统计软件来处理统计数据的思维，提高其处理和分析数据的能力。

本书是在总结多年统计学教学经验、参考大量统计学教材及有关论著的基础上，由多名教学经验丰富的教师多次研讨编写而成。本教材共10章，由桂林信息科技学院廖颖文、胡洪林、黄译莹、戴欧阳担任主编，其中，第1、2章由黄译莹编写，第3、5、6章由廖颖文编写，第4、7、8、9、10章由胡洪林编写，戴欧阳负责本书部分内容的指导。由于编者水平有限，书中难免有疏漏之处，敬请读者多提宝贵意见，以便我们进一步修改和完善。

编　者

2022年3月

# 目　　录

# 第1章 绪论

## 案例导读

**生活和工作中的统计**

随着社会经济的不断发展,统计与人们的日常生活和工作联系更加紧密,到处都有统计和统计数据。例如人们早上起来会关心当天气温和空气质量,球类比赛解说员总要统计比赛双方的进攻次数和成功率,学生考试后会关心自己的考试成绩和名次,股票投资者要了解股票市场价格的信息,企业管理人员要掌握生产销售情况和利润额,市场销售人员要了解自己所在或所要开发的市场,报刊和电视中常会提到国内生产总值、消费者价格指数和经济增长率等。可见,在大数据时代,人们离不开各式各样的统计数据。

统计学是一门关于如何搜集数据、分析数据,并得出对总体特征规律性认识的方法论科学。理解和掌握一些统计学知识,不管是对普通大众还是对企业家或制订政策的人来说,都是非常重要的。

## 1.1 统计学的产生与发展

统计作为一种社会实践活动起源很早,是随着人类社会的发展和经济管理的需要而产生和发展的。统计学的产生和发展分为三个时期,即古典统计学时期、近代统计学时期和现代统计学时期。

### 1.1.1 古典统计学时期

17 世纪中末叶到 18 世纪中末叶是古典统计学时期,在这一时期,统计学理论界初步形成了一定的学术派别,主要有政治算术学派和国势学派。

**1. 政治算术学派**

政治算术学派产生于 17 世纪的英国,代表人物为威廉 · 配第( W. Petty,1623—1687)和约翰 · 格朗特( J. Graunt,1620—1674)。威廉 · 配第在其代表作《政治算术》一书中用数字比较分析了英国、法国和荷兰三国“财富与力量”差异的原因,用实际资料、数字、重量和尺度等论述英国的经济情况。马克思称他为“政治经济学之父”,在某种程度上也可以说是统计的创始人,可见其对统计学的形成有着巨大的功绩。约翰 · 格朗特则是通过利用大量数据资料研究社会人口变动规律的创始人,其代表作是《关于死亡率的自然观察和政治观察》。他首次通过大量观察,对英国伦敦市 50 多年的人口出生率和死亡率进行分类计算,编制了世界上第一张“死亡率”统计表。

政治算术学派运用大量观察法、分类分析法和对比分析法等方法进行社会经济问题的综合研究，但该学派学者的著作均没用使用“统计学”之名。

**2. 国势学派**

国势学派又称记述学派，产生于17世纪的德国，其代表人物是德国的康令(H. Conring，1606—1681)和阿亨瓦尔(G. Achenwall，1719—1772)。该学派以文字记述和比较国情而得名。阿亨瓦尔将记述和比较国情的国势学定名为“统计学”。

国势学派最早提出和使用“统计学”这一名词，但在进行国势比较分析中偏重于对事物性质的描述和解释，而不注重数量分析。

### 1.1.2 近代统计学时期

18世纪末到19世纪末是近代统计学时期，在这一时期，大数法则和概率论被引入统计学，主要有数理统计学派和社会统计学派。

**1. 数理统计学派**

19世纪中叶，比利时物理学家、数学家、天文学家阿道夫·凯特勒(A. Quetelet，1796—1874)将概率论引入了统计学，从而使统计学发生了质的飞跃。凯特勒的研究成果在自然科学、经济学、生物学等科学中得到不断应用，并逐渐形成一门独立的学科。其代表作是《社会物理学》，书中将古典概率论引入统计学，提高了统计计量上的准确性，使统计学产生了质的飞跃，为近代统计学奠定了基础。他认为概率论是适用于政治及道德科学中以观察与计数为基础的方法，他以此方法对自然现象和社会现象的规律性进行观察，并认为要促进科学的发展，就必须更多地应用数学。他的统计学著作有几十部，按其贡献可以认为他是古典统计学的完成者、近代统计学的先驱，也是数理统计学派的奠基人。同时，他还是第一届国际统计会议的召集人。因此，凯特勒被称为数理统计学的奠基人、近代统计学之父。

后来经过英国的高尔登和皮尔森等人的发展，统计学研究的数理统计学派逐渐形成。1867年，德国数学家维特斯坦发表了《关于数理统计学及其在政治经济学和保险学中的应用》一文，首次提出了“数理统计学”的说法。

**2. 社会统计学派**

19世纪后半叶，在德国兴起了社会统计学派，由克尼斯(K. G. A. Knies，1821—1898)首创，主要代表人物为恩格尔(C. IE. Engel，1821—1896)和梅尔(G. V. Mayr，1841—1925)。他们以大量观察法寻求社会现象规律，因此被称为社会统计学派。强调研究对象的总体性和采用大量观察法构成社会统计学派研究方式的两大特点，这也是现代统计研究的两大特点。恩格尔的主要著作有《比利时家庭工人生活费的过去和现在》和《关于统计学是独立科学还是方法问题》。恩格尔在统计方面的主要贡献有：在人口调查中提倡用个人调查卡片法，在消费计量上首创消费权数，发明恩格尔法则和恩格尔系数，建立社会统计学体系。梅尔的主要著作有《社会生活中的规律》、《理论统计学》、《人口统计学》、《伦理统计学》和《一般的统计文献》。他认为，统计学是社会科学中的一门独立学科，是研究规律性的实质性科学，是对社会现象表现出来的规律性形式及其性质进行系统阐述。

### 1.1.3 现代统计学时期

20世纪初到现在是现代统计学时期，该时期的显著特点是数理统计学被广泛运用于各个领域，随着科学技术的发展，新的统计理论与方法大量涌现。归纳起来有以下几个方面：

(1)数理统计学在随机抽样的基础上建立起推断统计的理论和方法。英国统计学家戈塞(N. S. Gosset,1876—1936)被认为是推断统计学的奠基人。他提出了用于小样本理论的 $t$ 分布。该分布的形式是由费希尔(Fisher,1890—1962)发展起来的。戈塞和费希尔曾相互通信并讨论问题。在费希尔、奈曼等人的推动下，假设检验理论得以逐渐建立起来。美国统计学家瓦尔德(A. Wald,1902—1952)对统计学中的估计和假设检验理论加以归纳，提出了统计决策、序贯分析等理论。同时，费希尔还是实验设计统计学的开创者。

(2)社会经济统计学在 19 世纪中叶以后也逐渐成熟和发展起来。“十月革命”胜利后，苏联的大多数统计学家受社会统计学派的影响，主张统计学是一门实质性的社会科学。1954 年 3 月，召开了统计科学讨论会，并把统计学定义为“在质与量的密切联系中研究大量社会现象的数量方面，研究社会发展规律在具体地点及时间条件下的数量表现的社会科学”。这一定义对我国及东欧一些国家的影响都很大，促使这些国家形成了以马克思政治经济学为理论基础的社会经济统计学派。该学派是在反虚无论、反消亡论、反万能科学论和反数学形式主义中形成的，并以物质产品为核算范围，建立了物质产品平衡表核算体系。直到 1993 年，核算体系才逐渐被改变，但该学派的影响至今仍很大。这方面的现代统计工作包括社会调查、经济计量学和投入产出核算体系。

## 1.2　统计工作的过程及研究方法

### 1.2.1　统计的含义

统计，是一门关于如何搜集数据、分析数据，并得出对总体特征规律性认识的方法论科学。统计一词在我们日常生活、经济工作和科学研究中使用得越来越多，其中，统计信息作为社会经济信息的主体，被广泛运用于国民经济的各个部门、各个行业。通常，“统计”一词包括三方面的含义，即统计工作、统计资料和统计学。

**1. 统计工作**

统计工作即统计实践，是在一定的统计理论指导下，采用科学的方法搜集、整理和分析统计数据，并探索数据的内在数量规律性的工作过程。自从有了国家就有了统计实践活动，随着历史的发展，统计工作逐渐发展和完善起来，统计成为国家、企业、科研单位及个人认识与改造客观世界和主观世界的一种有力的工具。

**2. 统计资料**

统计资料，是统计活动进行搜集、整理、分析能反映事物现象的数据资料和其他相关资料的总称。不管是个人、集体和社会，还是国家、企业及科研机构，都离不开统计数据资料。统计资料包括各种社会经济现象特征的原始记录、统计台账、统计表、统计图、统计分析报告、统计年鉴数据和文字资料。例如：人们外出旅游要利用天气预报了解目的地的天气情况，利用电子地图了解路线，还需要利用相关网站查询住宿情况；企业要进行采购、生产、销售和利润核算，就需要对相关的采购资料、生产资料、销售资料等进行搜集、整理和分析；国家进行经济建设和促进社会发展，就要对各方面进行普查，了解国情、民情等。

**3. 统计学**

统计学是一门对研究对象的数据资料进行搜集、整理、分析和研究，以反映其总体的特征和规律性的学科。统计学以客观事物的数量特征和数据资料为研究对象,以搜集、整理、分析和研究等统计技术为手段,去伪存真、去粗取精,从而达到描述和推断研究对象的特征、趋势和规律性的目的。

统计的三层含义之间是紧密联系的。统计资料是统计工作的成果,统计工作是统计资料和统计学的基础,统计学既是统计工作经验的理论概括,又是指导统计工作的原理、原则和方法。统计工作一方面受统计理论的指导,另一方面又检验统计理论的正确与否,并推动和促进统计理论的发展。统计工作、统计资料和统计学相互依存、相互联系,共同构成一个完整的整体。

### 1.2.2 统计学的研究对象及特点

**1. 统计学的研究对象**

统计学的研究对象是社会经济现象总体的数量方面,通过收集、整理、分析统计资料,具体说明社会经济现象总体的数量特征、数量关系及数量界限。数量特征是指社会经济现象的规模、水平、结构、速度、比例等。

**2. 统计学研究对象的特点**

1)数量性

统计学的研究对象是自然社会经济领域中现象的数量方面。它研究的是客观事物的数量。数量性是统计学研究对象的基本特点,数字是统计的语言,数据资料是统计的原始材料。事物的数量是我们认识客观现实的重要方面,通过分析研究统计数据资料,研究和掌握统计规律性,就可以达到我们统计分析研究的目的。例如,一个国家的人口数量、结构和分布,国民经济的规模、发展速度,人们的生活水平等,都是反映基本国情和基本国力的基本指标,通过这样的一系列指标才能对整个国家有一个客观清晰的认识。

2)总体性

统计的数量研究是对总体普遍存在着的事实进行大量观察和综合分析,得出反映现象总体的数量特征。例如统计人口总数,分析各年龄段的人口数量及比例,得出国家的人口特征,可以有效调整人口政策。统计研究对象的总体性,是从个体的实际表现的研究过渡到对总体的数量表现的研究。

3)具体性

统计研究对象是自然、社会经济领域中具体现象的数量方面。它不是纯数量的研究,而是具有明确的现实含义的。这一特点是统计学与数学的区别。数学是研究事物的抽象空间和抽象数量的科学,而统计学研究的数量是具体实在的有实际意思的数量表现的客观存在。统计资料作为主观对客观的反映,只有如实地反映具体的已经发生的客观事实,才能为我们进行统计分析研究提供可靠的基础,才能分析、探索和掌握事物的统计规律性。如某市本年实现国内生产总值 1 856.89 亿元,全市职工工资总额为 83.63 亿元,全市职工人均月工资 5 566 元等,都是特定总体在一定时间、地点条件下的具体数量。

4)社会性

由于统计研究的数量是社会现象的数量,必然具有另一个特点,即社会性。它可以从三个方面进行考察:一是统计认识的是社会经济数量方面,因而统计本身也就有了社会性;二是统计认识的主体是社会的人,人的社会性决定了认识立场和认识结论上的社会性;三是一切社会经济活动都和人的利益有关,不同的人群有着不同的利益和利益关系,统计是一种社会认识活动,要受到一定社会经济观点的影响，并为一定的阶级利益服务。

### 1.2.3 统计工作过程

统计工作是对社会进行调查研究，以认识其本质和规律的一种工作。统计研究是一个由现象到本质、由感性认识到理性认识的不断深化的过程。从具体的统计认识活动来看，统计工作一般可分为统计调查、统计整理和统计分析等三个阶段。

**1. 统计调查**

统计调查，即统计资料的搜集，是根据统计研究的目的，采用科学的调查方法，有组织、有计划地对所研究总体的各个单位进行观察、登记，准确、及时、系统、完整地搜集统计资料的过程。统计调查是统计认识活动由定性认识过渡到定量认识的阶段，这个阶段所收集的资料是否客观、系统、及时，直接影响到统计整理的好坏，关系到统计分析结果的正确性。

**2. 统计整理**

统计整理，即统计资料的整理，是根据统计研究的目的和任务，对统计调查阶段所取得的资料进行审核、筛选、分组和汇总，将大量分散的、零乱的反映总体单位特征的资料整理为反映各组和总体数量特征的综合资料的过程。统计整理是将对总体单位特征的认识过渡到对总体数量特征认识的桥梁和纽带。在统计工作中，统计整理处于中间环节，起着承上启下的作用，是沟通统计调查和统计分析的纽带和桥梁。

**3. 统计分析**

统计分析，即统计资料的分析，是指在统计整理的基础上，用科学的分析方法，对所研究的现象总体进行全面、系统的数量分析，达到对事物本质和规律的认识。统计分析是统计工作的最后阶段，也是统计发挥信息、咨询和监督职能的关键阶段。统计分析出现偏差，会造成统计调查和统计整理两个阶段前功尽弃。

从认识论的角度来说，统计调查和统计整理是实现事物个体特征过渡到对总体数量特征认识的关键环节，属于定量认识的范畴。统计分析则是运用统计方法对资料进行比较、判断、推理和评价，揭示社会经济现象的本质和规律性的重要阶段。统计工作的各个阶段是一个统一体，是统计调查、统计整理和统计分析的有机统一，体现了统计要在质与量的辩证统一中研究社会经济现象总体数量特征的原则要求。一般来说，统计工作过程的三个阶段是依次进行的，有自己的特定内容。同时，它们又相互联系、相互制约，任何一个阶段的工作出现偏差，都会背离统计认识活动的规律。

在某些情况下，为了保证从整体上取得良好效果，各阶段也可以相互渗透、交叉进行。例如，根据实际工作需要，可以实行边设计、边调查、边整理、边分析。有时，在调查整理阶段进行一些必要的分析，或者对原设计方案进行适当的改进。有时，在统计分析中因为现有资料不能满足需要而做一些必要的补充调查、加工整理和计算工作等。

### 1.2.4 统计学的研究方法

统计学研究现象的性质和特点，决定着统计学的研究方法。统计学的基本研究方法主要包括大量观察法、统计分组法、综合指标法和统计推断法。

**1. 大量观察法**

大量观察法是指在研究社会经济等现象的数量方面时，必须对总体现象中的全部或足够多的单位进行观察并加以分析，以达到对现象总量特征及规律性的认识。社会经济现象是复杂的,受各种因素影响和作用,如果只选择其中一部分单位进行观察,其结果不足以代表总体的一般特征。大量观察法可以在全面调查中使用,如统计报表、普查等;也可以在非全面调查中使用,如重点调查、抽样调查等。

**2. 统计分组法**

统计分组法是根据统计研究的目的和任务,按照一定的标志将所研究的现象总体划分成不同性质的组,以便进行总体内部结构分析,从而达到正确运用指标来表明事物本质与规律的目的。统计分组法主要使用于统计整理工作阶段,但在统计调查、统计分析等阶段,也都有自己独特的意义。因此,统计分组法既是统计研究中的一种基本方法,也是统计分析中的一种重要方法。

**3. 综合指标法**

综合指标法是根据大量观察所获得的资料,运用若干综合的统计指标对现象总体的数量特征和数量关系进行综合、概括和分析的统计方法。常见的统计指标有总量指标、相对指标、平均指标等。综合指标法是统计分析中的基本方法,它主要应用于统计分析阶段。

**4. 统计推断法**

统计推断法是按照随机原则从总体中抽取一部分样本,并运用数理统计的原理,根据样本数据数量特征来推断总体数量特征的一种方法。在统计研究中,我们需要了解的总体范围往往是很大的,有时甚至是无限的,由于经费、时间和精力的影响,大多时候在客观上只能从中观察部分单位或有限的单位,进行计算和分析,根据样本结果来推断总体。

例如,调查10‰的城市居民的收入水平,就可以推断出城市全部居民的收入水平。随着市场调查在市场经济中发挥着越来越重要的作用,统计推断方法也越来越被广泛重视,并成为统计研究的基本方法。

## 1.3 统计学中的基本概念

### 1.3.1 总体和总体单位

**1. 总体**

总体又称为统计总计,是根据一定的研究目的,在同一性质基础上,由客观存在的许多个别单位组成的一个整体。当把某一客观现象作为统计研究对象时,所要研究现象的整体就称为总体。例如:我国进行人口普查,我国的全部人口就组成一个总体;我国要研究某地区独立核算工业企业的情况,该地区全部独立核算工业企业就是一个总体。

总体根据它所包含的总体单位的数目是否可数,分为有限总体和无限总体。总体包含的单位数是有限的,称为有限总体,如人口数、企业数、商店数等。总体所包含的单位数是无限的,称为无限总体,如连续生产的某种产品的生产数量、大海里的鱼资源数量等。对于有限总体,既可以进行全面调查,也可以进行非全面调查,对于无限总体,则只能进行非全面调查。在统计研究过程中,总体取决于统计研究的目的和任务,有什么样的研究目的就要求有什么样的总体与之相适应。

总体具有大量性、同质性和差异性三个主要特点。

1)大量性

总体的形成要有一个相对规模的量。总体是由许多个别单位在同一性质基础上组成的,少数单位或个别事物不能构成总体。统计研究的目的是揭示自然和社会经济现象的规律性。人们只有通过对大量事物的观察、分析和研究，才能发现其规律性。总体的大量性与研究目的要求有关，精确度要求越高，总体中的单位数目就越大。

2)同质性

构成总体的各个单位必须在某一方面且至少在一个方面具有某种共同的属性或标志数值，这是形成统计总体的前提条件。如果两个个体没有同质性特征，就不能成为同一个总体的个体。换言之，总体是由有某一共同性质的基本单位组成的。例如，将某省所有高校作为总体，是因为每所学校都属于该省管辖且具有高校的性质；国有企业总体中每个企业的共同属性是国家所有。

3)差异性

每一个总体单位除了具有一个与其他总体单位性质相同的属性或特征以外，还有许多其他单位所不具备的属性或特征，从而表现出差异。例如，工业企业生产的产品的质量会有差异，这些差异是统计研究的基础，如果总体各单位之间不存在任何差异，就没有必要进行统计分析；某领域的职工总体中各单位间有男、女的性别属性差异，有24岁、25岁、26岁、27岁、28岁等年龄标志数值的差异。

**2. 总体单位**

总体单位是指构成统计总体的个别单位。例如：研究我国工业企业的生产经营状况，则全国各个工业企业就构成总体单位；研究某企业职工的年龄结构状况，则该企业每一位职工就构成总体单位；研究某商场的商品库存情况，则该商场每一件库存商品就构成总体单位；研究某市所有工业企业的某种生产设备，则该市所有工业企业每个该种类型的设备就构成总体单位。根据研究目的的不同，总体单位既可以是人、物，也可以是企业机构、地域，甚至可以是状况、长度或时间等。

总体与总体单位存在以下关系：

(1)总体和总体单位是整体与部分的关系。总体是整体，总体单位是个体。总体的特征是通过对总体单位归纳综合加以体现的。

(2)总体和总体单位的划分不是绝对的，而是随着统计研究目的的变化而变化的。也就是说，总体和总体单位是根据研究目的来确定的，范围有大有小，原来的总体有可能转变为总体单位，原来的总体单位也有可能成为总体。例如：研究对象为全国的工业企业的基本情况，则统计总体就是全国所有的工业企业，总体单位为全国每一个工业企业；若研究对象为全国的工业企业的设备情况，则统计总体就是全国所有的工业企业的所有设备，总体单位是全国工业企业的每一台设备。

(3)总体和总体单位互为依存。没有总体单位，总体就不存在；没有总体，总体单位也不复存在。

**3. 样本**

统计研究最终要确定总体的数量特征，但是有时总体的单位数量很多，甚至无限多，就不可能或没必要对每个总体单位都进行调查。这时就要借助样本来研究总体了。样本是按一定的概率从总体中抽取并作为总体代表的一部分单位的集合。

样本是统计学中非常重要的概念。人们对这一概念的理解要注意以下三个方面的问题：

(1)构成某一样本的每个单位都必须取自某一特定的统计总体，不允许该总体之外的单位进入该总体的样本。

(2)从一个总体中可以抽取许多个样本,样本单位的取值是可变的,不同的取值就有不同的样本。但在实际应用中,只用一个样本来推断总体。

(3)样本是总体的代表,带有总体的信息,因而能够推断总体。然而,样本只是总体的一个子集,且具有随机性,故由样本去推断总体会产生代表性误差。其实,如何从总体中抽取样本、怎样控制样本对总体的代表性误差,是推断统计学研究的主要问题。

### 1.3.2 指标和标志

**1. 指标**

1)指标的概念及特点

指标是综合反映总体现象数量特征的概念及数值。例如,某国 2020 年国内生产总值 48 432.5 亿元,社会消费品零售总额 17 674.9 亿元,城镇居民人均可支配收入 24 890 元等都属于统计指标。例如,我国 2000 年 11 月 1 日总人口为 129 533 万人,2000 年我国的国内生产总值为 10.03 万亿元,这些都是统计指标。

统计指标由指标名称和指标数值两个基本部分构成。指标名称是对总体数量特征质的规定,是所研究现象的实际内容及其包括的范围,如总人口、国内生产总值等。指标数值是对总体数量特征量的规定,说明所研究现象实际内容的数量,如 5 000 万人、100 亿元等,反映所研究现象在具体时间、地点、条件下的规模和水平。例如,某企业 2020 年的生产总值为 5 000 万元。它是采用一定的统计方法对总体各单位的标志表现进行登记、核算汇总而成的指标,用以说明该企业生产总值这一数量特征。这一数量指标的名称是“生产总值”,指标数值是“5 000 万元”。

统计指标一般有三个特点:

(1)数量性:统计指标都能用数量来表示。

(2)综合性:统计指标都是用来说明总体综合特征的。

(3)具体性:统计指标都具有一定的经济内容。

2)指标的分类

(1)数量指标和质量指标。统计指标按其说明总体内容的不同,可分为数量指标和质量指标。

数量指标反映总体某一特征的绝对数量。这类指标主要说明客观现象的总规模、总水平或工作总量,一般用绝对数表示。例如,国内生产总值、人口数、工业企业数、商品销售额等。

质量指标反映总体的强度、密度、效果、结构和工作质量等。例如,人口密度、劳动生产率和资金利润率等。这类指标通常用平均数与相对数表示,以反映现象之间的内在联系和对比关系。

(2)总量指标、相对指标和平均指标。统计指标按其作用和表现形式的不同,可分为总量指标、相对指标和平均指标。

总量指标是反映总体现象规模的指标,表明总体现象发展的结果,如城市总人口、国民生产总值等。

相对指标是两个有联系的指标相比较的结果,如资金利润率。

平均指标是按某一数量标志说明总体单位一般水平的指标,如平均工资、平均成本等。

(3)时点指标和时期指标。统计指标按其反映的时间特点不同,可分为时点指标和时期指标。

时点指标是指反映社会经济现象的某一时间点上的数值表现的指标,例如职工人数、商品库存数、牲畜存栏数等。

时期指标是反映社会经济现象在某一时期内的数量表现的指标,例如商品销售额、产品产量等。

(4)描述指标、评价指标和预警指标。统计指标按管理功能作用不同,可分为描述指标、评价指标和预警指标。

描述指标主要是反映社会经济运行的状况、过程和结果,提供对社会经济总体现象的基本认识,是统计信息的主体。例如,土地面积指标、自有资源拥有量指标、社会财富指标、国民生产指标、固定资产指标、利润指标、医疗床位数指标等。

评价指标是用于对社会经济运行的结果进行比较、评估和考核,以检查工作质量或其他定额指标的结合使用。例如,国民经济评价指标和企业经济活动评价指标。

预警指标是用于对宏观经济运行进行监测,对国民经济运行中即将发生的失衡、失控等进行预报、警示。通常选择国民经济运行中的关键性、敏感性经济现象,建立相应的监测指标体系。例如,针对经济增长、经济周期波动、失业、通货膨胀等,可以建立国民生产总值与国民收入增长率、社会消费量、积累率、失业率、物价水平、汇率、利率等预警指标。

**2. 标志**

1)标志和标志表现

标志是指总体各单位所具有的共同特征的名称。只要能够说明总体单位某一方面属性特征的名称都可称为标志,同一个总体单位可以有无数个标志。例如,对于人口普查中的某人来说,有性别、年龄、政治面貌等方面的特征,这里的"性别""年龄""政治面貌"等名称就是标志。

标志表现是标志特征在总体各单位上的具体表现,用来表明总体单位的具体属性或数值。例如,人口普查中"某人"的年龄为"25 岁",这里"25"就是标志表现,即标志值。

2)标志的分类

为了便于统计分析,人们可以从不同的角度对标志进行分类。

(1)数量标志和品质标志。

标志按其性质可分为数量标志和品质标志。数量标志表示总体单位量的特征,用数值来表示。例如,某班的每个学生的年龄、分数是说明该班总体单位数量特征的,为数量标志。品质标志说明总体单位质的特征,不能用数值来表示。例如,某人的性别、民族、政治面貌、籍贯是说明总体单位属性特征的,为品质标志。品质标志只能用文字来说明。

(2)可变标志和不变标志。

按总体中各单位的具体表现是否相同,标志可分为可变标志和不变标志。

当一个标志在各个单位的具体表现都相同时,这个标志称为不变标志。它是构成总体的必要条件和确定总体范围的标准。例如,中国第七次人口普查规定:"人口普查的对象是具有中华人民共和国国籍并在中华人民共和国境内常住的人。"按照这一规定,在作为调查对象的人口总体中,国籍和在中国境内居住是不变标志。不变标志是构成统计总体的基础,至少必须有一个不变标志将总体各单位联结在一起构成总体。

当一个标志在各单位的具体表现有可能不同时,这个标志称为可变标志或变异标志。例如,在人口普查中,性别、年龄、民族、职业等这些标志就是可变标志。在一个总体中,如果不存在可变标志,或者说所研究的现象总体中的各单位之间无任何差异,那么就没必要进行统计分析研究了。

**3. 指标和标志的关系**

1)指标和标志的联系

(1)标志是指标的基础。统计指标的数值多是由总体单位的数量标志值汇总而来的。例如,2020 年某省大学生招生总量是由该省每个大学的招生量汇总而来的。没有各个高校的招生人数,就难以得到该省大学生总数的指标值。

(2)标志和指标之间存在着变换关系。当研究目的发生变化时,许多指标与数量标志之间存在着变换关系。例如:要研究某所大学的情况,该大学的在校生人数、总面积、职工人数等就是指标;如果改为将该大学所在省的所有大学作为研究总体,那么该大学的在校生人数、总面积、职工人数等就是数量标志,而该省所有大学的相应指标为统计指标。

2)指标和标志的区别

(1)两者说明的对象不同。指标说明总体的特征,标志则说明总体单位的特征。

(2)两者的表现形式不同。指标只反映总体的数量特征,所有指标的值都是数值性的,没有用文字说明的指标;标志既有用文字表示的品质标志,又有用数值表示的数量标志。

### 1.3.3 变异和变量

**1. 变异**

变异是个体与个体之间的差异。例如,性别表现为男女,职业表现为教师、医生、工程师等,这些差别称作变异。变异是统计的前提条件。

**2. 变量**

变异可以是品质上的差别(如性别差异、学历差异等),也可以是数量上的差别(如年龄差别、工资差别等)。在统计学中,将反映各总体单位数量方面差异的标志称为变量,即可变的数量标志。变量中所取的某个值称为变量值,如年龄、工资等都是变量。某企业某一员工年龄 35 岁,工资 8 000 元就是变量的具体表现,称为变量值,也称标志值。

变量按其数值是否连续出现,可分为连续变量和离散变量。连续变量是指在一定区间内可任意取值的变量。例如,人的身高、体重、粮食亩产、生产零件的规格尺寸等,它们的计量单位可以取小数点以后的任意一个位数,而且必须用测量或计量的方法取得。离散变量是指可按一定顺序一一列举其数值的变量,其一切可能取值都以整数形式出现。例如,企业个数、职工人数、设备台数等,只能按整数算,不可能有小数,这种变量的数值一般用计数方法取得。

## 习 题

**一、选择题**

1. 统计总体的基本特征是(    )。

   A. 同质性、大量性、差异性　　B. 数量性、大量性、差异性

   C. 数量性、综合性、具体性　　D. 同质性、大量性、可比性

2. 下列属于品质标志的是(    )。

   A. 工人年龄　　B. 工人性别　　C. 工人体重　　D. 工人工资

3. 某班 4 名学生英语考试成绩依次为 66 分、95 分、85 分、74 分,这四个数 66、95、85、74 是(    )。

   A. 指标　　B. 标志　　C. 变量　　D. 变量值

4. 数理统计学的奠基人是(　　)。

A. 威廉·配第　B. 康令　C. 凯特勒　D. 克尼斯

5. 以产品等级表示某种产品的质量优劣,则该产品的等级是(　　)。

A. 数量标志　B. 数量指标　C. 品质标志　D. 品质指标

6. 下列属于质量指标的是(　　)。

A. 人口密度　B. 土地总面积　C. 税收总额　D. 生产设备年生产力

7. 为了估计全国高中生的平均身高,从 20 个城市选取了 100 所中学进行调查。在该项研究中,研究者最感兴趣的总体是(　　)。

A. 100 所中学　B. 20 个城市

C. 全国的高中学生　D. 100 所中学的高中学生

8. 为了估计全国高中生的平均身高,从 20 个城市选取了 100 所中学进行调查。在该项研究中,研究者最感兴趣的样本是(　　)。

A. 100 所中学　B. 20 个城市

C. 全国的高中学生　D. 100 所中学的高中学生

## 二、判断题

1. 品质标志和质量指标一般都不能用数值表示。(　　)
2. 某银行的储蓄存款余额可能是统计指标,也可能是数量标志。(　　)
3. 总体的大量性是指总体的范围不能确定。(　　)
4. 总体中各个单位标志具体表现各不相同,这种可变的标志是变量。(　　)
5. 运用大量观察法,必须对研究对象的所有单位进行观察。(　　)
6. 一般而言,指标总是依附在总体,而总体单位则是标志的直接承担者。(　　)

# 第2章 统计调查

## 案例导读

### 第七次全国人口普查

2020年开展的第七次全国人口普查，是在中国特色社会主义进入新时代开展的重大国情国力调查，为开启全面建设社会主义现代化国家新征程，向第二个百年奋斗目标进军，提供科学准确的统计信息支持。

本次调查中，全国人口共141 178万人，与2010年的133 972万人相比，增加了7 206万人，增长5.38%，年平均增长率为0.53%，我国人口10年来继续保持低速增长态势。

中国是世界上最早进行人口统计调查的国家之一。《后汉书》记载，大禹曾经“平水土，分九州，数万民”，所谓“数万民”就是统计人口。现代意义上的全国人口普查，是在新中国成立之后进行的。

“每一次人口普查，都有着鲜明的时代特征，肩负着重大历史使命；每一次得出的全国人口数据，都是中国发展历史上重要的资料，为当时的决策提供了科学依据。”我国著名人口学家翟振武介绍说。

1953年的第一次全国人口普查是为第一届人民代表大会选举和开展大规模经济建设服务的，当时我国总人口为59 435万人；1982年的第三次全国人口普查，给改革开放新时期经济社会发展提供了准确全面的人口数据，当时的总人口为100 818万人；2000年的第五次全国人口普查为科学制定“十五”计划和现代化建设第三步战略目标，提供了可靠的决策依据，当时我国的总人口为126 583万人。

人口普查与老百姓日常生活密切相关。翟振武教授说，人口状况是一个国家的家底。在哪里建设居住小区、布局工厂，修建铁路、公路、机场，设置多少学校、幼儿园、图书馆、医院、养老院，生产多少粮食、蔬菜、肉禽，这一切的筹划，都必须掌握人口的总量和具体分布、流动状况、结构特征。

在高质量发展的道路上，全面客观地掌握中国人口发展状况，是治国安邦的基础。

人口普查也是当今世界各国广泛使用的科学统计方法。在美国，每10年进行一次人口普查。在日本，人口普查被称为“国势调查”，至今已经进行了22次。俄罗斯从1897年开始进行人口普查。两次人口普查中，在空间站工作的宇航员都通过飞行控制中心接受了询问。

数据是统计分析工作的基础，科学有效地取得统计数据，才能为统计分析和决策提供有力的依据。

# 2.1 统计数据

## 2.1.1 统计数据的概念与分类

**1. 统计数据的概念**

统计数据是在统计工作活动过程中取得的,用于反映社会现象的数字资料以及与之相联系的其他资料的总称。统计数据是表示某一地理区域自然经济要素特征、规模、结构、水平等指标的数据,是定性、定位和定量统计分析的基础数据,比如我们通常所说的统计年鉴。

**2. 统计数据的分类**

1)统计数据的计量尺度

统计数据是采用某种计量尺度对社会经济现象进行计量的结果,人们在搜集统计数据之前要先对社会经济现象进行计量或测度,确定数据的计量尺度,不同的计量尺度会得到不同类型的统计数据。按照计量学的一般分类方法以及对事物计量的精确程度,可将计量尺度由低级到高级、由粗略到精确分为四个层次:定类尺度、定序尺度、定距尺度和定比尺度。

(1)定类尺度。定类尺度又称为类别尺度或列名尺度,是最粗略、最低层次的计量尺度。这种计量尺度只能按照事物的某种属性对其进行平行的分类或分组。定类尺度一般只可测度事物之间的类别差异,不能反映事物之间的其他差别。因而,使用这种尺度对社会经济现象所做的分类,各类别之间只是平等的并列关系,并无优劣、大小或顺序之分。例如,将学生按照性别分为男学生、女学生两类。运用定类尺度计量出的统计数据,通常是计算出每一类别中各元素或个体出现的频数或频率来进行分析。

(2)定序尺度。定序尺度又称为顺序尺度,是对社会经济现象之间等级差别或顺序差别的一种测度。这种计量尺度不仅可以将社会经济现象分成不同的类别,而且还可以确定这些类别的优劣或顺序。定序尺度的计量结果也表现为类别,但与定类尺度测度的类别不一样,这些类别之间可以比较顺序。例如,考试成绩可以分为优秀、良好、中等、及格、不及格等。与定类尺度相比,定序尺度对事物的计量要精确一些,但它也只测度了事物类别之间的顺序,并未测量出类别之间的准确差值。

(3)定距尺度。定距尺度也称为间隔尺度、等距尺度或区间尺度。这种计量尺度不仅能将事物分为不同类型并加以排序,还可以准确地指出类别之间差距的大小。定距尺度是对事物类别或次序的间距的测量,其结果表现为数值。例如,A 学生的成绩为 90 分,B 学生的成绩为 80 分,C 学生的成绩为 70 分,他们之间的间隔是相等的,故可以准确地指出两个计数之间的差值。由于定距尺度的计量结果表现为数值,还可以计算出差值。所以它具有定类尺度和定序尺度的特性,定距尺度可以进行加减运算,但不能进行乘除运算,准确性比定类尺度和定序尺度高。定距尺度可以比较方便地转换为定序尺度,但定序尺度数据通常不能转化为定距尺度数据,如考试成绩的百分制可以转换为五级评分制,但五级评分制不能转换为百分制成绩。在统计数据中定距尺度居于主要地位,是定比尺度的基础。

(4)定比尺度。定比尺度也称为比率尺度,它是在定距尺度的基础上先确定比较的基数,再将相关的数字进行对比,形成相对数,用来反映社会经济现象的构成、密度、比重、速度等数量关系。它除了具有上述三种计量尺度全部特征外,还可以计算两个测度值之间的比值。定比尺度与定距尺度之间的差别体现在是否有绝对零点。在定距尺度中,“0”表示某一个数值,而在定比尺度中,“0”表示没有或者无。

上述四种计量尺度对事物的测量层次是由低级到高、由粗略到精确逐步递进的。高层次的计量尺度具有低层次计量尺度的全部特性,人们可以很轻易地将高层次计量尺度的结果转化为低层次计量尺度的结果。在统计分析中,一般要求测量的层次越高越好,其原因在于高层次的计量尺度包含更多的数学特性,所运用的统计分析方法越多,分析时也就越方便,故应尽量使用高层次的计量尺度。

2)统计数据的类型

在统计学中,根据统计数据的计量尺度不同,可以将统计数据分为以下四种类型:

(1)定类数据。定类数据也称为分类数据或名义类别数据,用以说明事物的品质特征,不能用数值表示。定类数据是由定类尺度计量形成的,表现为类别,但不能区分顺序,没有大小的比较。例如,性别、宗教类型、种族划分、地理区域及出生地等。

(2)定序数据。定序数据也称为顺序数据或序数类别数据,用以说明事物的品质特征,可为对象排序,同样不能用数值表示。定序数据是由定序尺度计量形成的,表现为类别,但能区分顺序,可以进行大小比较。例如,产品按等级分为优等品、合格品、次等品等。

(3)定距数据。定距数据也称为区间类别数据,用以说明事物的数量特征,能够用数值表示。定距数据是由定距尺度计量形成的,表现为数值,可以进行加、减运算。例如,百分制考试成绩,分值之间的间隔一般为10分,即60~70分为一档,70~80分为一档,80~90分为一档,90~100分为一档。

(4)定比数据。定比数据也称为比率类别数据,用以说明事物的数量特征,能够用数值表示。定比数据是由定比尺度计量形成的,表现为数值,可以进行加、减、乘、除运算,没有负数。例如,将一个国家的国内生产总值与该国居民数相比,计算出的人均国内生产总值,可以反映国家的综合经济实力。

前两类数据也称为定性数据或品质数据,均说明事物的品质特征;后两类数据也称为定量数据或数量数据,均说明事物的数量特征。

3)统计数据的其他分类

(1)观察数据和实验数据。统计数据按收集方法可分为观察数据和实验数据。观察数据是通过调查或者观测而收集到的数据,这类数据是在没有对事物进行人为控制的条件下得出的,有关社会经济现象的统计数据几乎都是观察数据。实验数据是指在实验中控制实验对象而收集到的数据,统计学在自然科学领域中应用时,所使用的统计数据大多是实验数据。

(2)截面数据和时间序列数据。统计数据按被描述对象与时间之间的关系可分为截面数据和时间序列数据。截面数据是指在相同或近似相同的时间点上所收集到的数据,用来描述现象在某一时刻的变化情况。时间序列数据是指在不同时间点上所收集到的数据,用来描述现象随时间变化而变化的情况。由一系列时间序列数据排列而得到的一组数据称为时间数列,又称为动态数列,对时间数列的研究是统计学中的一个重要的内容。

区分数据的分类是十分重要的,对于不同类型数据需要采用不同的统计方法来处理和分析。

### 2.1.2 统计数据的收集

统计数据的获取过程即为统计数据的收集,数据质量直接影响统计分析的结果,所以统计数据的收集是统计工作的重中之重。从统计数据的来源看,统计数据最初都是来源于直接的调查或实验。但从使用者的角度看,统计数据主要来源于两种渠道:一是来源于直接的调查或科学实验;二是来源于别人调查或实验数据,这是统计数据的间接来源。

**1. 统计数据的间接来源**

对大多数统计分析人员来说,相当一部分统计数据不必亲自进行统计调查,而是直接取之于有关统计部门或权威机构发布的统计资料。别人调查或科学实验的数据,对使用者来说称为二手数据。

二手数据主要是公开出版的或公开报道的数据,当然有些是尚未公开出版的数据。在我国,公开出版或报道的社会经济统计数据主要来自于国家和地方的统计部门以及各种报刊媒介。例如,全面反映我国国民经济和社会发展情况的《中国统计年鉴》以及详细反映各省、自治区和直辖市的社会、经济和科技等发展变化情况的地方统计年鉴等。提供有关金融统计资料的《中国金融年鉴》;收集全国各省、自治区和直辖市大量的人口数据的《中国人口统计年鉴》等。提供当季我国的国内生产总值(GDP)增长率、工业生产指数和居民消费水平等数据的《中国经济数据分析》。

除了公开出版的统计数据,还可以通过其他渠道使用一些尚未公开发布的统计数据,以及广泛分布于报纸、杂志、图书、广播、电视传媒中的各种数据资料。随着计算机网络技术的发展,也可以从有关网站搜寻所需的各种数据资料。

利用二手数据对使用者来说既经济又方便,但使用时应注意统计数据的含义、计算口径和计算方法,以避免误用或滥用。

**2. 统计数据的直接来源**

统计数据的直接来源主要有两个渠道:一是调查或观察;二是实验。调查是取得社会经济数据的重要手段,其中有统计部门进行的统计调查,也有其他部门或机构为特定目的而进行的调查,如市场调查等;实验是取得统计数据的重要手段之一。

### 2.1.3 统计数据的质量

**1. 统计数据的质量要求**

统计数据的质量要求通常有以下几点:

(1)精度,即最低的抽样误差或随机误差。

(2)准确性,即最小的非抽样误差或偏差。

(3)关联性,即满足用户决策、管理和研究的需要。

(4)及时性,即在最短的时间里取得并公布数据。

(5)一致性,即保持时间序列的可比性。

(6)最低成本,即在满足以上标准的前提下以最经济的方式取得数据。

因此,调查人员在取得统计数据时要做到统计数据来源要有依据,所依据的数据要得到证实,得到证实的数据要定期进行检查。调查人员要通过检查、证实、统计,实时对统计过程进行补充和修改,以使统计数据的质量得到不断改进。

**2. 统计误差**

统计数据的误差通常是指通过调查收集到的统计数据与客观现实之间的差距。现实中,无论采用哪种调查,这些误差都或多或少存在于所收集的数据中。在不同的统计工作阶段,统计数据误差产生的原因是不同的,误差的程度也不同。

统计调查阶段是收集统计数据的阶段,因而这阶段统计数据的质量会直接影响整个统计工作的顺利开展。统计误差可分为:

(1)抽样误差,是由于抽样的随机性造成的,是用统计量估计总体参数时出现的样本结果与总体真值之间的误差。只有概率抽样中才会涉及这种数据误差。这种误差不可避免,但大小可以计算和控制。

(2)非抽样误差,是相对于抽样误差而言的,是除抽样误差之外的,由于其他原因引起的样本结果与总体真值之间的误差。抽样误差只存在于概率抽样中,而非抽样误差存在于概率抽样、非概率抽样和全面调查中。非抽样误差又可以分为抽样框误差、回答误差等。

(3)调查人员误差,是由于调查人员业务培训不到位所导致,如在调查过程中调查人员无意中诱导被调查者,干扰其正常判断。

(4)无回答误差,是被调查者拒绝接受调查而产生的误差,也包括调查者不在家等原因造成的误差。无回答误差有时是随机的,有时是系统性的。随机性无回答误差可通过增大本容量方式解决。系统性的无回答误差则比较麻烦,可通过周密的预防和采取一定的补救措施来解决。

(5)测量误差,是由于测量工具不准确造成的计量误差。

## 2.2 统计调查的含义和种类

### 2.2.1 统计调查的含义

**1. 统计调查的概念**

统计调查是根据统计研究的目的和要求,运用科学的调查方法,有计划、有组织地对调查对象搜集统计资料的过程。它是统计工作的开始,是统计资料的整理、计算汇总与分析的基础。如果统计调查搜集的统计资料残缺不全,或有错误,不能如实反映情况,则在以后的汇总和分析中难以弥补与纠正,统计分析难免会得出错误的结论。因此,统计调查工作的质量如何,将直接影响到统计分析结论的客观性与真实性。

**2. 统计调查的要求**

1)准确性

准确性是指由统计工作收集的统计资料必须真实可靠,如实地反映所研究对象的客观实际,做到既不修饰也不渲染。这是保证统计数据质量的首要环节,是统计工作的使命。

2)及时性

及时性是对统计工作的时间限制,包括完成调查任务和调查资料的及时上报等,即在统计调查所对规定的时间内,按时调查、上报规定的各种统计资料。各项调查资料需要及时上报,这是最根本的要求,因为过时的资料落在了形式发展的后面,失去时效性,犹如雨后送伞起不到应有的作用。

3)完整性

完整性是指统计调查取得的资料必须全面完整,不重复、不遗漏,将应该调查的单位及其调查项目的数据毫无遗漏地进行搜集。如果搜集的资料不完整,就不能全面、准确地反映被调查对象的情况,会给统计整理和统计分析带来困难,影响到整个统计工作的进度和质量。

4)适应性要求

适应性要求主要是针对次级资料而言。次级资料是为了其他调查目的而形成的统计资料,若本次调查目的发生变化，所使用的次级资料是否能符合本次调查的目的，就要考虑其适应性，对于那些不适应或不能完全适应的数据，要进行剔除或调整，以使资料能够为本次调查所用。

统计工作的各个环节是紧密衔接相互依存的。统计调查作为统计工作的基础环节，在调查过程中所得到的原始资料，其质量直接影响最终成果的质量。如果在搜集原始资料时出现差错，又不能及时更正，那么以后无论怎样认真地整理这些资料，错误的数据都将影响最后结论的正确性和可靠性。

### 2.2.2 统计调查的种类

**1. 按调查对象所包括的范围不同分类，可分为全面调查和非全面调查**

全面调查是对构成调查对象的全部单位进行无一遗漏的调查登记的一种统计调查方式，包括全面统计报表和普查，如全国人口普查、全面经济普查等都属于全面调查。

非全面调查是对调查对象中的一部分单位进行调查登记的一种统计调查方式，包括非全面统计报表、抽样调查、重点调查和典型调查，如要了解城市职工的生活情况而选出的一部分职工家庭进行的调查。

**2. 按调查登记的时间是否连续分类，可分为经常性调查和一次性调查**

经常性调查又称连续性调查，是指随着调查对象情况的变化，随时进行连续不断的登记的一种统计调查方式，如对工业产品产量、原材料消耗量等在观察期内连续登记。

一次性调查又称不连续调查，是指间隔一定时间（一般为一年以上）对现象进行调查登记，如机器设备台数、每隔五年进行一次的经济普查、每隔十年进行一次的人口普查等。这些数值变动不大，不需进行连续不断的登记，它主要用于解决了解某一时点上事物存在的总量，一般用于对时点现象的调查。

**3. 按调查的组织形式不同分类，可分为统计报表和专门调查**

统计报表是国家统计系统和专业部门为了定期取得系统、全面的统计资料，按照国家统一规定的调查要求和表格形式，自上而下统一布置，自下而上逐级提供统计资料的一种统计调查方式。其目的在于获取反映国家政治、经济、文化等方面的基本统计资料，为进行宏观调控和各相关部门制定政策提供依据，如工业统计报表、农业统计报表等。

专门调查是为了了解和研究某一特定现象或专门问题而专门组织的统计调查，多属一次性调查，如人口普查、经济普查、高校教育质量调查等。专门调查包括普遍调查、抽样调查、重点调查和典型调查等。

### 2.2.3 统计调查的组织形式

比较典型的统计调查方式包括统计报表和专门调查。其中专门调查包括普查、重点调查、典型调查和抽样调查。

**1. 统计报表**

统计报表是我国统计调查体系中的一种重要的组织方式。它是根据国家统计报表制度规定的统一的表式、指标、报送程序和报送时间，自上而下统一布置、自下而上地逐级提供统计资料的一种统计调查方式。统计报表按报送内容和实施范围不同，可分为国家统计报表、部门统计报表和地方统计报表；按报送周期长短不同可分为年报和定期报表，其中定期报表包括日报、旬报、月报、季报和半年报；按填报单位不同，可分为基层统计报表和综合统计报表。

**2. 专门调查**

1)普查

普查是为了某种特定的目的而专门组织的一次性的全面调查,用以搜集重要国情国力和资源状况的全面资料,为政府制定规划、方针政策提供依据,如人口普查、科技人员普查、工业普查、物资库存普查等。

普查的组织方式一般有两种:

(1)组织专门的调查机构,配备一定数量的普查人员对调查单位直接进行登记。例如,人口普查等。这种组织方式适用于内容比较多、涉及范围较大的情况。

(2)利用调查单位的原始记录和核算资料,发放调查表,由调查单位自行填报。例如,物资库存普查、工业普查等。这种组织方式适用于内容比较单一、涉及范围较小的调查,特别是为了满足某种紧迫需要而进行的快速普查,它由调查单位将填报的表格越过中间一些环节直接报送到最高一级机构集中汇总。

2)重点调查

重点调查是一种非全面调查,它是从调查对象的全部调查单位中选择一部分重点单位进行调查的一种调查方式。所谓重点单位,是指在总体中具有举足轻重地位的单位,这些单位虽然数目不多,但就调查的标志值来看,在总体标志总量中占有绝大部分比重。例如,要了解全国钢铁生产的增长情况,只需要对全国几个大型的钢铁企业如鞍钢、武钢、首钢、宝钢等的生产情况进行调查,就可对全国的钢铁生产总量有一个大致的认识。

3)典型调查

典型调查是一种非全面调查,它是根据调查目的和要求,在对调查对象进行初步分析的基础上,有意识地选取少数具有代表性的典型单位进行深入细致的调查研究,借以认识同类事物的发展变化规律及其本质的一种调查方式。

典型调查有以下几个特点:

(1)典型调查是一种"解剖麻雀"的调查方法。它主要依靠调查者深入基层与调查单位直接接触与剖析,可以获得调查单位比较详细、系统的资料。

(2)典型调查是根据调查者的主观判断,有意识地选择少数具有代表性的单位进行调查,调查者的素质将影响典型单位的确定。

(3)典型调查主要用于定性调查研究,调查结果一般不能推断总体。

4)抽样调查

抽样调查是一种非全面调查,它是按照随机原则从总体调查对象中选取一部分单位进行观察,用以推算总体数量特征的调查方式。抽样调查是实际中应用最广泛的一种方法。例如,对轮胎使用寿命进行的调查、对灯管合格率进行的调查等,均可使用抽样调查。

### 2.2.4 统计调查的方法

在实际工作中,数据调查的方法通常有直接观察法、报告法、访谈法和网络调查法。

**1. 直接观察法**

直接观察法是调查人员亲自到现场对调查对象进行直接点数和计量,以取得统计资料的一种数据调查方法,如对商品库存盘点、对农作物产量的实割实测等。这种方法能保证所收集资料的准确性,但需要投入大量的人力、物力、财力和时间。

**2. 报告法**

报告法是由调查单位利用各种原始记录、基层统计台账和有关核算资料作为报告资料的来源，按照隶属关系，逐级向上提供统计资料的一种调查方法。我国现行的统计报表制度就属于这种调查方法。报告法有统一的表格和填报要求，便于统计整理，如果报告系统健全，原始记录和核算工作完善，资料的可靠性可以得到保证，但需要的时间较长，要求被调查者的文化程度或业务水平较高。

**3. 访谈法**

访谈法是由调查者向被调查者提问，根据被调查者的答复来取得统计资料的一种方法，具体可分为询问法和被调查者自填法。询问法是由调查人员按调查项目的要求，逐项向被调查者询问有关情况，并将询问结果记入表内。被调查者自填法是由调查人员把调查表交给被调查者，并向被调查者说明填表的要求和方法，以及对有关注意事项加以解释后，由被调查者按实际情况填写，填好后交调查人员审核收回。询问法的主要优点是回答率较高，对被访者的文化程度要求不高，缺点是耗时、费力、成本高，敏感性问题较难获得真实回答。被调查者自填法的主要优点是调查表的回收率较高，统一的调查表便于整理；缺点是要求被访者文化程度较高，耗时、费力、成本高。

**4. 网络调查法**

网络调查法是调查人员利用互联网与被调查者进行交流，从而获得统计资料的一种调查方法。网络调查法可以将调查表或问卷直接放在网站上，在规定时间内由被调查者填写，也可以通过电子邮件方式将调查表和问卷发给被调查者，被调查者填写完成后再通过电子邮件回复。与传统调查方法相比，网络调查需要的经费少，能在较大范围内进行调查，传播速度快。

## 2.3　统计调查方案设计

**1. 确定调查目的**

确定统计调查方案的关键是要明确调查目的。所谓调查目的，是指调查所要达到的具体目标，决定调查对象和调查内容，不同的调查目的需要不同的调查资料，不同的调查资料又有不同的搜集方法。只有这些问题明确之后，才能确定向谁调查、调查什么、怎样调查，调查目的回答的是为什么调查、调查要解决什么样的问题、调查具有什么样的社会经济意义等问题。

**2. 确定调查对象和调查单位**

调查目的确定之后，就要解决向谁调查或由谁来具体提供统计资料的问题，即确定调查对象和调查单位。所谓调查对象，就是需要进行调查的那些社会经济现象的总体，它是由性质相同的许多调查单位组成的。确定了调查对象，就明确了所研究总体的范围，而划清调查范围能够防止调查工作中产生重复和遗漏。

调查单位是所要调查现象总体中的各个组成个体，也就是调查统计中所要调查的具体单位。确定了调查单位，就明确了应该从哪里取得有关标志的情况和资料。

明确调查单位还需要把它与填报单位相区别。调查单位是调查项目的承担者，而填报单位是负责向上报告调查内容的单位，调查单位和填报单位有时一致，有时不一致。例如：工业企业普查，每个工业企业既是调查单位又是填报单位，两者一致；而工业企业生产设备普查，调查单位是工业企业的每台生产设备，填报单位是每个工业企业，两者不一致。

**3. 确定调查项目和调查表**

调查项目是根据调查目的所确定的具体调查内容,要解决的问题是调查什么。调查项目包括需要向调查单位了解的有关标志及其他有关情况。

调查表是统计工作中搜集原始资料的基本工具,是调查项目的具体表现形式。将所确定的调查项目,按照一定的顺序排列在一定的表格内,就构成了调查表。调查表的格式一般有单一表和一览表两种:单一表是在一份调查表上只登记一个调查单位,所以可容纳较多的调查项目,便于整理、分类;一览表是在一份调查表上登记若干个调查单位的调查内容,一览表由于其登记多个调查单位,所以调查项目不能很多。

调查表一般由表头、表体和表脚三部分构成。表头用来表明调查表的名称,左上角填写填报单位名称、地址、隶属关系、经济类型等。表头要求简明扼要。表体是调查表的主要部分,它是调查内容的具体体现。表脚包括调查者或填报人的姓名、签章、填表日期等,以便明确责任,发现问题也便于查询。

**4. 确定调查时间和方法**

统计调查时间包括两种含义,即调查时间和调查期限。调查时间是指调查资料所属的时间,在调查统计中,如果所调查的是时期现象,就要明确调查资料所反映的起止日期。例如,调查 2021 年第二季度的零售商品销售额,则调查时间是从 2021 年 4 月 1 日起至 6 月 30 日止的 3 个月。如果所调查的是时点现象,调查时间是规定的统一标准时点,如我国第七次人口普查的调查时点是 2020 年 11 月 1 日 0 时,并要求在 2020 年 11 月 1 日至 10 日完成普查的登记工作。

调查方法是进行调查的组织形式和搜集资料的具体方法,主要取决于调查的目的、内容和调查对象。

**5. 确定调查的组织实施计划**

调查组织工作包括确定调查机构、组织和培训调查人员,落实调查经费的来源和开支办法,确定调查资料的报送方法。

## 2.4 统计调查问卷设计

### 2.4.1 问卷设计的原则

问卷设计的原则有以下几点:

**1. 有明确的主题**

问卷调查是为统计分析和结论提供数据支持的有效方式,在进行问卷设计时首先必须明确为什么调查、通过调查了解什么。调查问卷只有明确了调查主题,才能有针对性地选择调查题目,制定调查方案,确定调查对象,拟定调查项目,完成调查任务。

**2. 结构合理,逻辑性强**

问题排列应有一定的逻辑顺序,一般是按先易后难、先简后繁、先具体后抽象的次序提问。对调查中涉及的敏感问题如个人隐私、个人收入等应采用一定的调查技巧,保证为调查者保守秘密。

**3. 问卷简洁,通俗易懂**

整份问卷要尽可能简洁,使被调查者对调查问题一目了然,并愿意如实回答相关问题。一般来讲,回答问卷的时间以不超过 20 分钟为宜,避免被调查者以问题过多或问题不好理解而拒绝回答或中途放弃。

**4. 便于数据的校验、整理和统计**

回收后的问卷要便于统计、整理和分析,这一点非常重要。

### 2.4.2 问卷设计的程序

问卷的设计是由一系列相关工作的过程构成的,具体包括以下几点:

(1)确定主题和资料范围。根据调查目的的要求,研究调查内容、所需收集的资料及资料来源、调查范围等,酝酿问卷的整体构思,将所需资料列出,分析哪些是主要资料,哪些是可要可不要的资料。淘汰哪些不需要的资料,再分析哪些资料需要通过问卷取得、需要向谁调查等,并确定调查地点、时间及对象。

(2)分析样本特征。分析了解各类调查对象的社会阶层、社会环境、行为规范、观念习俗等社会特征,需求动机、潜在欲望等心理特征,理解能力、文化层次、知识水平等学识特征,以便针对其特征来拟题。

(3)拟定并编排问题。首先构想每项资料需要用什么样的句型来提问,尽量详细地列出问题,然后对问题进行检查、筛选,看看有无多余的问题,有无遗漏的问题,有无不适当的问句,以便进行删、补、换。

(4)进行试问试答。站在调查者的立场上试行提问,看看问题是否清楚明白,是否便于资料的记录和整理;站在应答者的立场上试行回答,是否能答和愿答所有的问题,问题的顺序是否符合思维逻辑。估计回答时间是否符合要求。

(5)修改、复印。根据试答情况进行修改,再试答再修改,直到完全合适后再制成正式问卷。

### 2.4.3 问卷的基本结构

调查问卷一般由三大部分组成:卷首语、正文和结尾。

**1. 卷首语(开场白)**

问卷的卷首语(开场白)是致被调查者的信或问候语,其内容一般包括下列几个方面:①称呼、问候。如"××先生、女士:您好";②调查人自我说明调查的主办单位和个人的身份;③简要地说明调查的内容、目的、填写方法;④说明作答的意义或重要性;⑤说明所需时间;⑥保证作答对被调查者无负面作用,并替其保守秘密;⑦表示真诚的感谢,或说明将赠送小礼品。

卷首语(开场白)的语气应该是亲切、诚恳而礼貌的,简明扼要,不要啰唆。问卷的开头是十分重要的。大量的实践表明,几乎所有拒绝合作的人都是在开始接触的前几秒内就表示不愿参与的。如果潜在的调查对象在听取介绍调查来意的一开始就愿意参与,那么绝大部分会合作,而且一旦开始回答,就几乎都会继续并完成,除非在特殊情况下才会中止。

**2. 正文**

问卷的正文实际上也包含了三大部分。

第一部分包括向被调查者了解最一般的问题。这些问题应该是适用于所有的被调查者,并能很快、很容易回答的问题。在这一部分不应有任何难答的或敏感的问题,以免吓着被调查者。

第二部分是主要的内容,包括涉及调查主题的实质和细节的大量题目。这一部分的结构组织安排要符合逻辑并对被调查者来说是有意义的。

第三部分一般包括两部分内容:一是敏感性或复杂的问题,以及测量被调查者的态度或特性的问题;二是人口基本状况、经济状况等。

**3. 结尾**

问卷的结尾一般可以加上1~2道开放式题目,给被调查者一个自由发表意见的机会。然后,对被调查者的合作表示感谢。在问卷最后,一般应附上“调查情况记录”。这个记录一般包括:①调查人员(访问者)姓名、编号;②被调查者的姓名、地址、电话号码等;③问卷编号;④访问时间;⑤其他,如设计分组等。

### 2.4.4 问题的形式

**1. 开放式问题**

开放式问题又称无结构的问答题。在采用开放式问题时,应答者可以用自己的语言自由地发表意见,在问卷上没有已拟定的答案。

例如:您喜欢看哪一类电视节目? 您认为加入RECP对我国经济发展有何影响?

显然,应答者可以自由回答以上的问题,并不需要按照问卷上已拟定的答案加以选择,因此应答者可以充分地表达自己的看法和理由,并且比较深入,有时还可提供研究者始料未及的答案。

然而,开放式问题也有其缺点。例如调查者的偏见,因是由调查者执笔记录应答者答案,极可能失真,或并非应答者原来的意思。如果调查者按照他自己的理解来记录,就有出现偏差。但这些不足可运用录音机来弥补。开放式问题的另一个主要缺点是资料整理与分析的困难。由于各种应答者的答案可能不同,所用字眼各异,因此在答案分类时难免比较困难,整个过程相当耗费时间,而且免不了夹杂整理者个人的理解偏差。因此,开放性问题在探索性调研中是很有帮助的,但在大规模的抽样调查中,就弊大于利了。

**2. 封闭式问题**

封闭式问题又称有结构的问答题。封闭式问题与开放式问题相反,它规定了一组可供选择的答案和固定的回答格式。

例如,你购买某洗衣液的主要原因是(选择最主要两种):①洗衣较洁白;②售价廉;③任何商店都有出售;④不伤手;⑤朋友介绍。

封闭式问题的优点包括以下几个方面:

(1)答案是标准化的,对答案进行编码和分析都比较容易。

(2)回答者易于作答,有利于提高问卷的回收率。

(3)问题的含义比较清楚。因为所提供的答案助于理解题意,这样就可以避免回答者由于不理解题意而拒绝回答。

封闭式问题也存在一些缺点:

(1)回答者对题目不正确理解的,难以觉察出来。

(2)可能产生“顺序偏差”或“位置偏差”,即被调查者选择答案可能与该答案的排列位置有关。研究表明,对陈述性答案,被调查者趋向于选第一个或最后一个答案,特别是第一个答案。而对一组数字(数量或价格)则趋向于取中间位置的答案。为了减少顺序偏差,可以准备几种形式的问卷,每种形式的问卷答案排列的顺序都不同。

### 2.4.5 问卷调查设计技巧

**1. 事实性问题**

事实性问题主要是要求应答者回答一些有关事实的问题。例如,你通常什么时候看电视?

事实性问题的主要目的在于求取事实资料，因此问题中的字眼定义必须清楚，让应答者了解后能正确回答。

市场调查中，许多问题均属“事实性问题”，例如应答者个人的资料：职业、收入、家庭状况、居住环境、教育程度等。这些问题又称为“分类性问题”，因为可根据所获得的资料而将应答者分类。在问卷中，通常将事实性问题放在后面，以免应答者在回答有关个人问题时有所顾忌，因而影响以后的答案。如果抽样方法是采用配额抽样，则分类性问题应置于问卷之首，否则不知道应答者是否符合样本所规定的条件。

**2. 意见性问题**

在问卷中，往往会询问应答者一些有关意见或态度的问题。例如，你是否喜欢×电视节目？意见性问题事实上即态度性问题。应答者是否愿意表达真正的态度固然要考虑，而态度强度也有不同，如何从答案中衡量其强弱，显然也是一个需要克服的问题。通常而言，应答者会受到问题所用字眼和问题次序的影响，会有不同反应，因而答案也有所不同。对于事实性问题，可将答案与已知资料加以比较。但在意见性问题方面则较难作比较工作，因应答者对同样问题所作的反应各不相同。因此，意见性问题的设计远较事实性问题困难。这种问题通常有两种处理方法：一种是对意见性问题的答案只用百分比表示，例如有的应答者同意某一看法等；另一种则旨在衡量应答者的态度，故可将答案化成分数。

**3. 困窘性问题**

困窘性问题是指应答者不愿在调查员面前作答的某些问题，比如关于私人的问题，或不为一般社会道德所接纳的行为、态度，或属有碍声誉的问题。例如，平均来说，每个月你打几次麻将？如果你的汽车是分期购买的，一共分多少期？你是否向银行抵押借款购买股票？除了你工作收入外，还有其他收入吗？

如果想要获得困窘性问题的答案，又避免应答作不真实回答，可采用以下方法：

(1)间接问题法。不直接询问应答者对某事项的观点，而改为问他对其他人回答这一问题的看法。例如，可向他提问：“你同他们的看法是否一样？”

(2)卡片整理法。将困窘性问题的答案分为“是”与“否”两类，调查员可暂时走开，让应答者自己取卡片投入箱中，以缓解困窘气氛。应答者在无调查员看见的情况下选取正确答案的可能性会提高不少。

(3)断定性问题。有些问题是先假定应答者已有该种态度或行为。例如，你每天抽多少支香烟？事实上，该应答者极可能不抽烟，这种问题则为断定性题。正确处理这种问题的方法是在断定性问题之前加一条“过滤”问题。例如，你抽烟吗？如果应答者回答“是”，用断定问题继续问下去才有意义，否则在过滤问题后就应停止。

(4)假设性问题。有许多问题是先假定一种情况，然后询问应答者在该情况下，他会采取什么行动。例如，如果某早餐奶涨价至5元，你是否将改喝另一种未涨价的早餐奶？如果某品牌洗衣液跌价1元，你是否愿意用它？你是否愿意加薪？你是否赞成公共汽车公司改善服务？以上皆属假设性问题，应答者对这种问题多会答“是”。这种探测应答者未来行为的问题，应答者的答案事实上没有多大意义，因为多数人愿意尝试一种新东西，或获得些新经验。

### 2.4.6 问卷设计应注意的问题

**1. 问卷的开场白**

问卷的开场白必须慎重对待，要以亲切的口吻询问，措辞应精心考虑，做到言简意明、亲切诚恳,使被调查者自愿与之合作,认真填好问卷。

**2. 问题的字眼(语言)**

由于不同的字眼会对被调查者产生不同的影响,因此往往看起来差不多的问题,会因所用字眼不同,而使应答者作出不同的反应,作出不同回答。问题所用的字眼必须小心,以免影响答案的准确性。一般来说,在设计问题时应留意以下几个原则:

(1)避免一般性问题。如果问题的本来目的是求取某种特定资料,但由于问题过于一般化,使应答者所提供的答案资料无多大意义。例如,某酒店想了解旅客对该酒店价格与服务是否满意,因而作以下询问:你对本酒店是否感到满意?

这样的问题,显然有欠具体。由于所需资料涉及价格与服务两个问题,故应分别询问,以免混乱,如:你对本酒店的价格是否满意?你对本酒店的服务是否满意?

(2)问卷的语言要口语化,符合人们交谈的习惯,避免书面化。

**3. 问题的选择及顺序**

通常问卷的前几个问题可采用开放式问题,使应答者多多讲话、多发表意见,使应答者感到十分自在,不受拘束,能充分发挥自己的见解。当应答者话题多时,其与调查者之间的距离自然缩短。不过要留意,最初安排的开放式问题必须较易回答,不可具有高敏感性如困窘性问题。否则,如果一开始就被拒绝回答,以后的问题就很难继续了。因此,问题应是容易回答且具有趣味性,旨在提高应答者的兴趣。核心问题往往置于问卷中间部分,分类性问题如收入、职业、年龄通常置于问卷之末。

问卷中问题的顺序一般按下列规则排列:

(1)容易回答的问题放前面,较难回答的问题稍后,困窘性问题放后面,个人资料的事实性问题放最后。

(2)封闭式问题放前面,自由式问题放后面。由于自由式问题往往需要时间来考虑答案和组织语言,放在前面会引起应答者的厌烦情绪。

(3)要注意问题的逻辑顺序,按时间顺序、类别顺序等合理排列。

## 2.5 抽样调查方法

### 2.5.1 抽样调查的概念

抽样调查是一种非全面调查,按照随机原则从调查对象中抽取一部分单位作为样本进行观察,然后根据样本数据去推算调查对象的总体特征。它既是取得统计资料的重要手段,又是对现象总体做出具有一定可靠性的估计推断的方法,在统计调查和统计分析中应用广泛。例如,要检验某种产品的质量,就要从整个产品中随机抽取若干个产品进行检验,看它们的合格品率是多少,以此推断全部产品的合格率和不合格率,也可以推算合格品的总量。

我国目前在产品质量控制、农产品产量调查、商品检验、居民家庭收支等方面已广泛采用抽样调查的方法。

### 2.5.2 抽样调查的特点

**1. 费用低**

在满足调查研究目的的前提下,抽样调查中选取的样本单位通常是总体单位中的很小一部分,调查的工作量小,因而可以节省大量的人力、物力和财力。

**2. 时效性强**

抽样调查由于只对总体中的部分单位进行调查,因而工作量小,调查的准备时间、调查时间、数据处理时间等都大大缩减,从而提高数据的时效性。

**3. 适用面广**

抽样调查可以获得更广泛的信息,它适用于各个领域、各种问题的调查。从适用的范围和问题来看,抽样调查可用于调查全面调查能够调查的现象,也能调查全面调查所不能调查的现象,特别适合对一些特殊现象的调查,如产品质量检验、农产品试验、医药的临床试验等。从调查的项目和指标来看,抽样调查的内容和指标可以更详细、深入,能够获得更全面、更广泛的统计资料。

**4. 准确性高**

抽样调查的数据质量优势比全面调查更高,因为全面调查的工作量大、涉及的范围广、环节多,调查过程不可避免地产生登记性误差,而抽样调查涉及的单位少,可使调查的各项工作做得更细,从而减少登记性误差。当然,用样本特征去推断总体特征时,也会产生推断误差,但这种误差的大小事先可以计算并进行控制,因而推断的结果具有较高的可靠性。

### 2.5.3　抽样调查的应用范围

**1. 用于调查那些不可能或没有必要进行全面调查的社会经济现象**

例如,对具有破坏性结果的现象的调查,如像显像管耐用时数的检验、玻璃强度的检验等;再如,对居民个人收入情况的调查,通常只需要按随机原则选定若干居民进行调查。

**2. 用于对普查的资料进行验证和修正**

由于普查涉及面广、工作量大,容易产生登记性误差。通常在普查结束之后,做一次小规模的抽样调查,将抽样调查结果与普查资料核对,计算出差错率,对普查资料进行必要的修正,从而确保普查工作的质量。

### 2.5.4　抽样调查的具体方法

如何抽选出一个好的样本是数据收集阶段的一个关键问题。好的样本对研究问题具有针对性,且调查费用和估计精度之间符合最好的性价比。使用抽样方式收集数据的具体方式有很多,大致可分为概率抽样和非概率抽样。

**1. 概率抽样**

概率抽样又称随机抽样,是指遵循随机原则进行的抽样,总体中每一个单位都有一定的机会被选入样本。概率抽样有以下特点:

(1)抽样是按照一定的概率以随机原则抽取样本。所谓随机原则,是指排除主观上有意识的干扰以抽取调查单位,使每一个单位都有一定的机会被抽中。值得注意的是,随机不等于随便,随机可以用概率来描述,有着严格的科学含义,而随便带有人为的主观因素。两者的本质区别就在于是否按照给定的入样概率,通过一定的随机化程序来取样。

(2)每个单位被抽中概率是可以计算的或已知的。

(3)用样本去估计总体时,要考虑样本被抽中的概率。

这里,还要区别概率抽样和等概率抽样两个不同的概念。概率抽样是指总体中每一个单位都有一定的非零概率被抽中,各单位被抽的概率可以相等,也可以不等,相等时,为等概率抽样;

不相等时，为不等概率抽样。

调查的实践中，常用的概率抽样形式包括简单随机抽样、系统抽样、分层抽样、整群抽样和多阶段抽样。概率抽样的最主要优点是，可以依据调查结果，计算估计误差，从而对总体进行推断。统计分析的样本主要是通过概率抽样来得到的。

**2. 非概率抽样**

非概率抽样是相对于概率抽样而言的，指抽取样本时遵循的不是随机原则，而是根据研究目的对数据的要求采用特定的方式抽取样本。非概率抽样的具体方式有以下五种：

1）方便抽样

方便抽样是调查员依据方便原则自行确定抽样单位来进行调查。这种方法最容易，实施成本也低，但无法实施对总体的推断，它适用于在科学研究中产生一些想法以及对研究内容的初步认识或建立一些假设。

2）判断抽样

判断抽样是指研究人员根据经验和判断，有意识、有目的地抽选样本来进行调查。重点调查和典型调查都属于这种方式。判断抽样的抽样原则不是依据随机原则，样本好坏取决于调研者的判断、经验、专业程度和创造性。和方便抽样一样，它具有成本低、易于操作的特点，但不适用于对总体进行推断。

3）配额抽样

配额抽样被广泛应用于市场调查中，类似于概率抽样中的分层抽样，首先将总体中的所有单位按某一变量分类，然后在每类中再采用方便抽样和判断抽样来选取样本。配额抽样操作简单且能保证总体中各类别都有单位入样，使得样本结构类似于总体结构。但因并未遵循随机原则，取样仍属于非概率取样。

4）滚雪球取样

滚雪球取样常常被用于调查稀少群体，它先选择一组调查单位实施调查后，由他们提供另外一些同类总体的调查对象，调查员继续对这部分人员进行调查，过程不断持续形成滚雪球效应，这种抽样方式成本低，易于找到特定群体的被调查者，适合于对特定群体进行调查。

5）自愿抽样

自愿抽样指被调查者自愿入样成为被调查者，向调查人员提供他们所了解或感兴趣的信息。自愿抽样与随机原则无关，样本往往是对某一特定问题感兴趣的特定人群，这些样本是偏差的。可用于反映某类人群的一般看法，但同样不适合进行总体推断。

**3. 概率抽样与非概率抽样的比较**

概率抽样和非概率抽样性质不同，实际调查中采用哪种类型取决于研究问题的性质。

对于用数据进行总体推断、调查费用、时间、调查对象的特征等因素，非概率抽样具有操作简便、时效快、成本低的特点，对抽样中的统计学技术要求低，它适合于探索性的研究，调查结果用于发现问题，为更深入的定量分析提供准备，还可以用于市场调查中的概念测试，如产品包装测试、广告测试。但由于非概率抽样没有遵循随机原则进行取样，样本统计量的分布不确定，所以无法用样本对总体进行推断。

概率抽样遵循随机原则进行取样，根据样本统计量的理论分布可知，概率抽样适用于对总体有关参数进行估计，计算估计误差，得到总体参数的置信区间，并用于估计精度，或根据估计精度计算样本容量。这种调查方法的主要目的在于掌握总体的数量特征，进行区间估计。这种方法技术含量高，要求具备一定的统计学专业知识，调查成本较高，结果科学、准确。有时，在一项研究中可将两种方法结合使用,发挥各自特点,满足研究中的不同需要。

## 习　　题

### 一、选择题

1. 重点调查中重点单位是按(　　)选择的。
   A. 这些单位数量占单位总量的很大比重
   B. 这些单位的标志总量占总体标志总量的很大比重
   C. 这些单位具有典型意义,是工作重点
   D. 这些单位能用以推算总体标志总量
2. 有意识地选择三个农村调查农民收入情况,这种调查方式属于(　　)。
   A. 典型调查　　B. 重点调查　　C. 抽样调查　　D. 普查
3. 2020 年 11 月 1 日零点的第七次全国人口普查是(　　)。
   A. 典型调查　　B. 重点调查　　C. 一次性调查　　D. 经常性调查
4. 工厂对生产的一批零件进行检查,通常采用(　　)。
   A. 普查　　B. 抽样调查　　C. 重点调查　　D. 典型调查
5. 统计调查分为统计报表和专门调查,是按(　　)。
   A. 调查对象包括的范围　　B. 其组织形式
   C. 登记时间　　D. 收集资料的方式
6. 关于概率抽样,下列叙述错误的是(　　)。
   A. 目的是通过样本估计总体
   B. 遵循随机原则进行抽样
   C. 每个单位被抽中为样本的概率是完全相同的
   D. 每个单位被抽中为样本的概率是不完全相同的
7. 在统计调查中,报告单位是(　　)。
   A. 调查项目的承担者
   B. 提交调查资料的单位
   C. 构成调查对象的每一个单位
   D. 每一个总体单位

### 二、判断题

1. 所谓随机原则,就是按照主观判断的方式抽取调查单位。(　　)
2. 非全面调查的目的是取得不完全的调查资料。(　　)
3. 重点调查中的重点单位是指总体中占绝大部分比例的单位。(　　)
4. 重点调查可推断总体情况。(　　)
5. 为了尽可能多地收集统计数据信息,问卷越长越好。(　　)
6. 对我国主要粮食作物产区进行调查,以掌握全国主要粮食作物生长的基本情况,这种调查是重点调查。(　　)
7. 在进行调查时,最先考虑的是二手数据的收集。(　　)

# 第 3 章 统计数据的整理

## 案例导读

### "人口金字塔"

"人口金字塔"是用类似古埃及金字塔的形象描绘人口年龄和性别分布状况的统计图形，能表明人口现状及其发展类型。

"人口金字塔"基本可分为扩张型、静止型、收缩型三种类型，如图 3-1 所示。

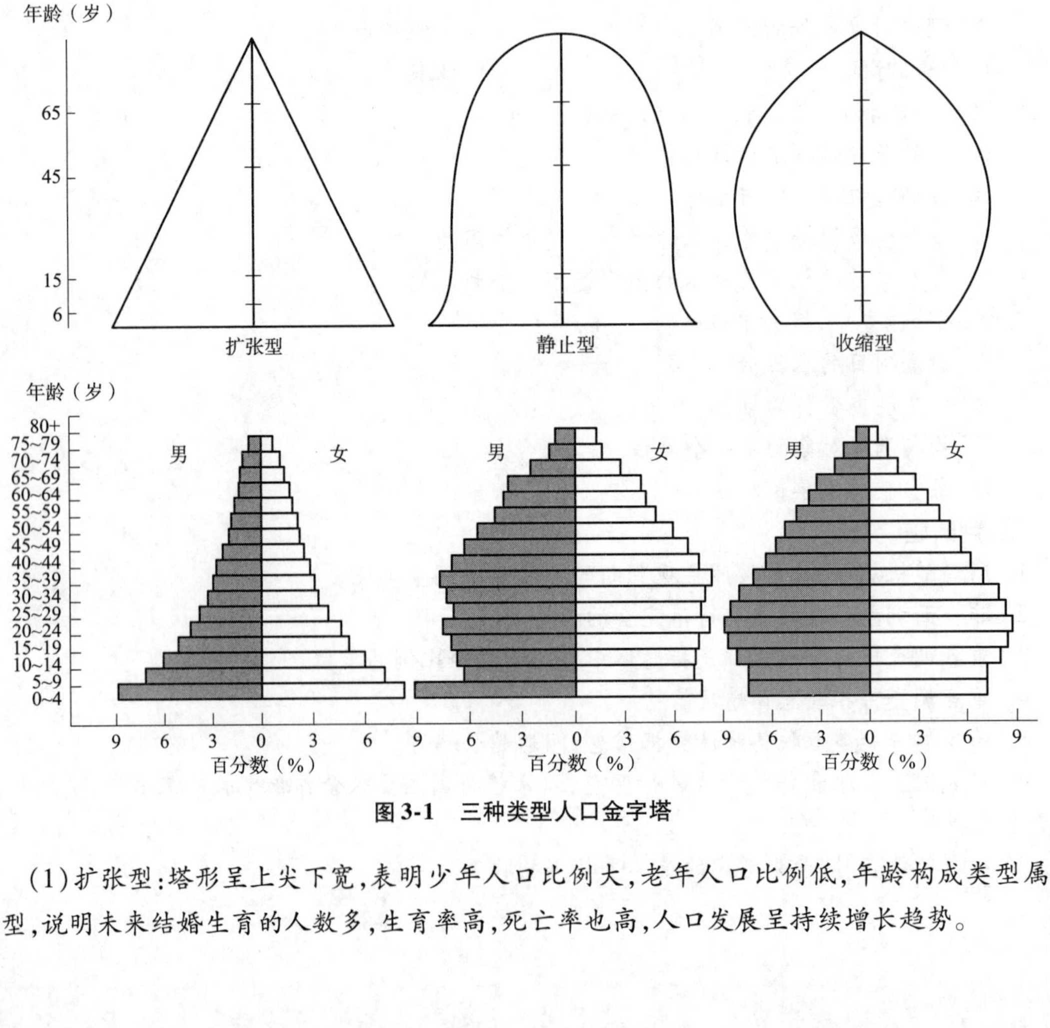


**图 3-1　三种类型人口金字塔**

(1)扩张型：塔形呈上尖下宽，表明少年人口比例大，老年人口比例低，年龄构成类型属年轻型，说明未来结婚生育的人数多，生育率高，死亡率也高，人口发展呈持续增长趋势。

(2)静止型:塔形上下差别不大,曲线比较平稳,少年儿童比例及老年人口比例介于扩张型和静止型之间,年龄构成类型属成年型,说明未来结婚生育的人数不会有明显增加,人口将保持现状。

(3)收缩型:塔形下部向内收缩,表明少年儿童比例低,中、老年人口比例大,年龄构成类型属老年型,说明未来年轻人越来越少,生育率低,死亡率也低,人口发展呈减少趋势。

应用"人口金字塔"可以形象地表示总人口中各年龄人数的多少和相互比例,表明人口年龄构成的类型,反映人口发展的历史和现状,预示未来人口发展趋势,对解决人口问题、进行人口预测、制定人口政策具有重要意义。

图3-2所示为2018年中国人口结构图与2050年的预测人口结构图。从这两幅图可以看出,未来我国的人口结构将面临诸多挑战。比如在人口数量上,预计到2050年,中国人口总量与2018年相比将基本不变,即中国新增人口将不断减速。同时,比较2018年和2050年预期的人口结构可知,中国如今的人口年龄密集区在25到34岁,以及45到54岁两个层次,既有年富力强的劳动力,又有具有较强消费能力的中年群体。但是到了2050年,中国的人口结构将在均衡中向上移动,即中青年人口占比下降,50岁以上人口占比上升,进入一个开始老龄化的社会。

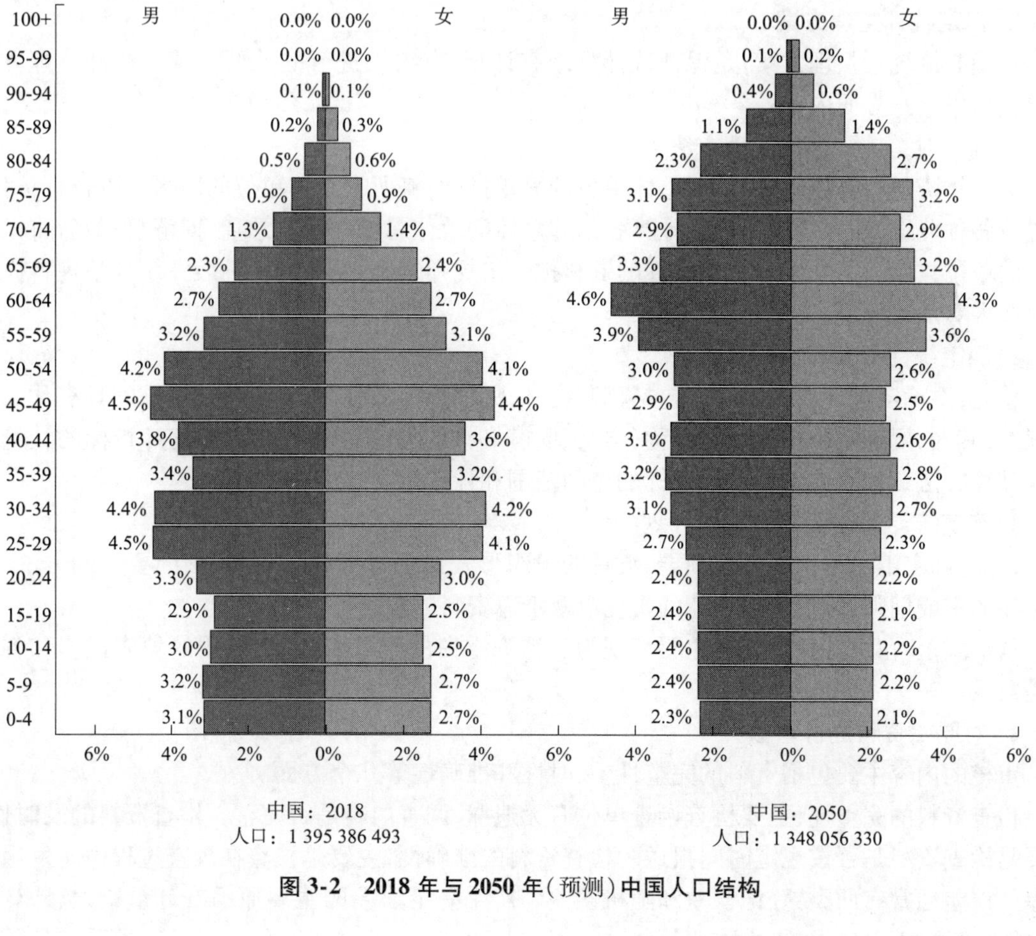


**图3-2　2018年与2050年(预测)中国人口结构**

# 3.1 统计整理概述

## 3.1.1 统计整理的概念与作用

统计整理是根据统计研究任务的要求,对统计调查所取得的各项资料进行审核、分类和汇总,使之系统化、条理化的工作过程。

统计调查之后,就应进行统计资料的整理。通过统计调查所取得的大量数据资料是零散的、不系统的,只能说明总体单位的个体特征,不能说明总体的特征。只有对这些资料进行加工整理,才能认识事物的总体及其内部联系。例如人口普查只能调查到每个被调查人的情况,如年龄、民族、出生地、受教育程度、工作时间、行业、职业等,而通过统计整理后才能得到反映全国人口的规模、水平等资料。

统计整理是统计调查的继续,也是统计分析的前提,在整个统计工作中具有重要的作用。统计整理工作如完成得好,就会使综合的资料能够说明更多的问题;否则会使资料内容贫乏,调查得来的大量原始资料不能发挥其应有的效用。

## 3.1.2 统计整理的步骤

**1. 拟定统计整理方案**

正确制订统计整理方案,是保证统计整理有计划、有组织进行的首要步骤。统计整理方案主要包括以下三方面内容:

1)确定对总体资料的处理方法

对总体资料的处理方法有:对总体单位的简单排列:将所有总体单位的资料加以合计;对总体进行各种分组,在分组的基础上计算各组和总体的单位总量和标志总量,即汇总;最后将汇总得到的单位数和一系列标志总量指标的资料按一定规则编制表格,即统计表。统计整理首先是对这些内容加以规定。

2)确定统计指标和指标体系

首先,要确定统计指标体系中包括哪些指标,哪个指标是核心指标,统计指标间具有什么样的联系;其次,要确定统计指标的名称、含义、内容和计算范围;再次,要确定统计指标的计量单位和计算方法;最后,要确定统计指标的空间范围和计算时间。

3)确定统计整理工作的组织计划

例如,确定汇总工作的组织领导、汇总的组织形式和汇总方法、资料审核的要求和方法、汇总工作的完成期限、各个工作环节的责任以及汇总资料的报送等。

从形式上看,统计整理方案主要表现为一系列空白的汇总表式、汇总用的填表说明和各种分类目录。

**2. 对原始资料进行审核**

审核的内容主要包括资料的完整性、及时性和准确性等几个方面。

检查资料的完整性,主要检查调查单位有无遗漏、调查内容是否完整。检查资料的及时性,主要是检查资料是否按规定时间报送。检查资料的准确性,主要是检查在调查过程中所发生的误差。误差通常有两类:登记误差和随机误差。产生登记误差的主要原因有计量错误、计算错误、抄录错误、汇总错误、弄虚作假等。这类误差是人为的,可以加以防止。另一类误差是随机误差,是在通过随机抽样推断总体指标时产生的误差,这类误差是非人为因素造成的,是无法避免的,但可以加以控制。

**3. 对原始资料进行科学的分组,并综合汇总**

计算各组单位数和总体单位数,计算各组指标和综合指标。统计分组与汇总是统计整理的关键。

**4. 编制统计表,绘制统计图**

统计表的编制与统计图的绘制将在后面陆续阐述。需要特别指出的是,在统计资料整理过程中,还应注意以下三个问题:

1)统计整理要为统计分析的目的服务

统计整理要根据统计分析的目的,抓住最基本的、最能说明现象本质特征的统计指标,进行科学的统计分组,对统计数据资料进行加工整理。对于一个特定的研究对象,尽管可以搜集到大量的有关资料,但其中必定有一方面或几方面是基本的、能表现本质的。统计整理的任务就是要从事物总的联系中找出这种基本的数量关系。

2)统计整理要注意现象各方面的联系

任何事物之间都有着联系,同时也有着不同方面。在进行统计整理时,数据资料要注意到各个方面的相互联系,如指标的口径是否一致等,否则整理出的数据资料缺少可比性。如进行几年内的动态分析,或是对更复杂的事物进行相关分析,就要特别注意这一点。

3)统计整理要研究现象的全貌,即要有总体性

在现象发展变化的过程中,其各部分的数量特征是不相同的。在利用统计资料说明现象的发展状况时,应研究现象总体,分析与总体有关的各方面的数量,而不能只注意对总体事物有利的一方面,或利用一些个别事实来达到主观目的。

## 3.2　统计数据的预处理

数据的预处理是在对数据分类或分组之前所做的必要处理,包括数据的审核、筛选、排序等。

### 3.2.1　数据审核

数据审核就是检查数据中是否有错误。对于通过调查取得的原始数据,主要从完整性和准确性两个方面去审核。完整性审核主要是检查应调查的单位是否有遗漏、所有的调查项目是否填写齐全等。准确性审核主要是检查数据是否有错误、是否存在异常值等。

统计资料准确性检查是统计审核的重点,审核数据的准确性即检查原始数据是否真实、可靠,这是数据审核的重点,可采用逻辑检查和计算检查两种方法。逻辑检查就是利用逻辑理论来检查统计指标之间或数据之间是否合理、有无矛盾;计算检查就是检查数据的指标口径、计算方法和计量单位等是否符合要求,计算结果是否正确、是否符合实际情况。

### 3.2.2 数据筛选

数据筛选是根据需要找出符合特定条件的某类数据。例如,找出销售额在 1 000 万元以上的企业、找出考试成绩在 90 分以上的学生等。数据筛选可借助计算机自动完成。

**【例 3-1】** 某校 4 名学生的语文、英语、数学三门课程考试成绩数据见表 3-1,试用 Excel 进行数据筛选。

**表 3-1 四名学生语文、英语、数学三门课程考试成绩**

| 姓名 | 语文 | 英语 | 数学 |
|---|---|---|---|
| 甲 | 65 | 82 | 76 |
| 乙 | 86 | 81 | 57 |
| 丙 | 75 | 75 | 60 |
| 丁 | 90 | 78 | 89 |

**【解】** 用 Excel 进行数据筛选的步骤如下:

第一步:选择“数据→筛选”命令。如果要筛选出满足给定条件的数据,可使用“自动筛选”命令。这时会在第一行出现下拉按钮,如图 3-3 所示。

| | A | B | C | D |
|---|---|---|---|---|
| 1 | 姓名 | 语文 | 英语 | 数学 |
| 2 | 甲 | 65 | 82 | 76 |
| 3 | 乙 | 86 | 81 | 57 |
| 4 | 丙 | 75 | 75 | 60 |
| 5 | 丁 | 90 | 78 | 89 |

**图 3-3 自动筛选过程**

第二步:在下拉列表中选择要筛选出的数据。

(1)若要筛选出语文成绩为 75 分的学生,则在“语文”的下拉列表中选择 75,得到图 3-4 所示的结果。

| | A | B | C | D |
|---|---|---|---|---|
| 1 | 姓名 | 语文 | 英语 | 数学 |
| 4 | 丙 | 75 | 75 | 60 |
| 6 | | | | |

**图 3-4 自动筛选结果**

(2)若要筛选出语文成绩最高的前 2 名学生,则需在“语文”下拉列表中选择“数字筛选”→“前十项”,在对话框中输入“2”,结果如图 3-5 所示。

| | A | B | C | D |
|---|---|---|---|---|
| 1 | 姓名 | 语文 | 英语 | 数学 |
| 3 | 乙 | 86 | 81 | 57 |
| 5 | 丁 | 90 | 78 | 89 |

**图 3-5 指定条件自动筛选结果**

### 3.2.3 数据排序

数据排序是指按一定顺序将数据排列,以便研究者通过浏览数据发现一些明显的特征或趋势,找到解决问题的线索。除此之外,排序还有助于对数据进行检查纠错,以及为重新归类或分组等提供方便。在某些场合,排序本身就是分析的目的之一。例如,要了解究竟谁是中国汽车生产的三大巨头,对于汽车生产厂商而言,不论它是伙伴还是竞争者,都是很有用的信息。

对于分类数据,如果是字母型数据,排序则有升序、降序之分,但习惯上升序用得更多,因为升序与字母的自然排列顺序相同;如果是汉字型数据,排序方式则很多,如按汉字的首位拼音字母排列,这与字母型数据的排序完全一样,也可按姓氏笔画排序,其中也有笔画多少的升序、降序之分。对于数值型数据,排序只有两种,即递增和递减。排序后的数据也称为顺序统计量。无论是分类数据还是数值型数据,排序均可借助于 Excel 中的“排序”命令完成。

## 3.3 统计数据的分组

### 3.3.1 统计分组的含义与作用

**1. 统计分组的含义**

统计分组是统计研究的一种重要方法,它是根据统计研究任务的要求和现象总体的内在特点,把统计总体按照一定标志划分为若干性质不同又有联系的几个部分。例如,某班 30 名学生按性别这一标志分为男生、女生两组。

**2. 统计分组的作用**

第一,划分现象的类型,并反映各类型组的数量特征。

第二,按照某一标志将性质不同的单位进行分组,就可以计算各组的数量特征在总体中所占的比重,以说明现象的内部结构。

第三,通过分组可以揭示现象与现象之间的依存关系,也就是按照所研究对象的有关标志来分组,可以分析该标志对其他标志的影响程度和因果关系。

### 3.3.2 分组标志的选择

统计分组的关键是正确选择分组标志与划分各组的界限。

统计分组可以按照不同的标志进行分类,分组的标志是划分数据的标准和依据,分组的标志选择是否得当,关系到能否正确地反映总体数量特征及其变化规律。正确选择分组标志,需要考虑以下几点:

**1. 根据研究问题的目的来选择**

每个研究对象都有许多特征或属性,分组标志选择不恰当,分组的结果就不能反映总体的性质特征,也就不能达到所要研究的目的。例如,对桂林市经济发展进行研究,目的是了解桂林市企业的规模与状况,就要选择反映企业规模的标志(企业职工数、生产总值等)进行分组;如果目的是了解桂林市的产业结构,就要选择企业的产业类型作为分组标志;如果目的是了解桂林市企业的股权结构,则要按企业的股权类型进行分组。

**2. 要选择最能够反映现象本质的标志作为分组标志**

明确了统计研究的目的,还不等于能够选择好分组标志。因为说明同一问题可能有若干个相关标志,有些标志是主要标志,有些标志是次要标志。主要标志能反映现象的本质。因此,在进行分组时,应选择最能反映事物本质特征的标志作为分组标志。例如,研究城镇居民家庭生活水平状况,而反映居民家庭生活水平的标志有:家庭人口数、就业人口数、每一就业者负担人数(含本人)、家庭年收入、人均年收入等。其中最能反映居民家庭生活水平状况的标志是“平均每人年收入”,所以应选择这一标志作为分组标志。

**3. 结合现象所处的具体环境条件来选择**

社会经济现象随着时间、地点条件的变化而变化，历史条件不同，事物特征也会有所变化。统计分组必须遵守三个原则：①科学性原则，是指统计分组要根据研究目的，选择能够反映事物本质特征的标志作为分组标志，突出社会经济现象在各方面存在的差异；②完整性原则，又称穷尽性原则，就是要求分组后，总体中每个单位都应该有组可依，无一遗漏；③互斥性原则，互斥性也称不相容性，就是在特定的分组标志下，总体中的任何一个单位只能归属于某一组，而不能同时或可能归属于几个组。只有遵循以上三个原则才能使得每个总体单位有归属且只归属于某一个组。

### 3.3.3 统计分组体系

统计分组体系就是根据统计任务与分组的要求，对同一总体进行多种不同分组而形成的体系。它是一种相互补充、相互联系的分组，以形成对总体的深入认识。统计分组体系有以下两种形式：

**1. 平行分组体系**

如果总体按照一个标志进行分组，就称为简单分组。同一总体的几个简单分组按某一规定排列起来就构成一个平行分组体系。例如，对工业经济总体的研究，可以进行以下平行分组：

（1）按轻重工业分：
- 轻工业
- 重工业

（2）按经济类型分：
- 国有
- 集体
- ……

（3）按地区分：
- 华北地区
- 东北地区
- ……

**2. 复合分组体系**

如果总体同时按两个或两个以上的标志层叠起来分组，就称为复合分组。由复合分组形成的分组系列就称为复合分组体系。例如，对高校学生的研究，可先按学科分组，然后再按本科或专科、性别等标志进行复合分组。

- 高校学生
  - 理科学生
    - 本科
      - 男生组
      - 女生组
    - 专科
      - 男生组
      - 女生组
  - 文科学生
    - 本科
      - 男生组
      - 女生组
    - 专科
      - 男生组
      - 女生组

复合分组体系的特点是复合分组的组数随着分组标志的增加而成倍增加。因此要仔细分析后再决定采用几个分组标志，避免出现分组标志过多造成的组数过多而每组单位数过少以至于难以发现规律的情况。

## 3.4　分配数列

### 3.4.1　分配数列的概念和种类

分配数列也称分布数列或频数分布，是指总体按某一标志分组，且依次排列，并列出每个组的单位数，从而形成总体单位在各组中的分布。

分配数列有两个构成要素，一个是分组后形成的各组，另一个是各组的单位数。各组的单位数也称为频数或次数，各组频数与总频数之比称为频率或比率，频率之和等于 1。根据分组标志形式不同，分配数列有品质分配数列和变量分配数列两种。

**1. 品质分配数列**

品质分配数列是指按品质标志分组所形成的分配数列，它用来观察总体中不同属性单位在各组中的分配状况。例如，某地区各种所有制性质企业分组情况资料见表 3-2。

**表 3-2　某地区企业分组情况**

| 所有制性质 | 企业数（个） |
| --- | --- |
| 国有企业 | 420 |
| 集体企业 | 280 |
| 股份制企业 | 30 |
| 其他企业 | 150 |
| 合计 | 880 |

**2. 变量分配数列**

变量分配数列是指按数量标志分组所形成的分配数列，简称为变量数列。变量数列可以反映总体中各组间的数量差异和结构状况。按变量是否连续和数目的不同，对应选择的数列类型如图 3-6 所示。

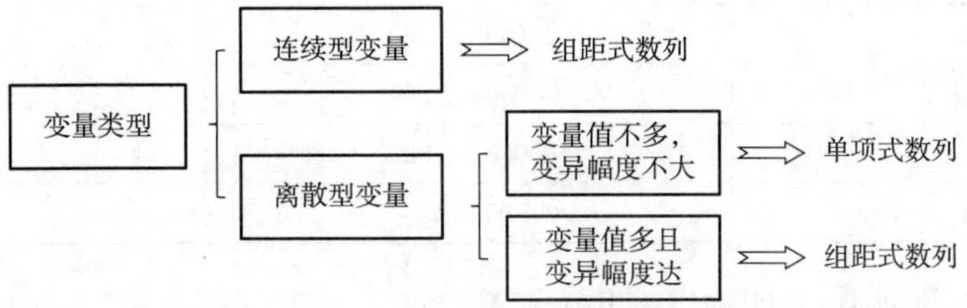


**图 3-6　变量分类及其对应的数据类型**

离散型变量分配数列是指按离散变量标志分组所形成的数列；连续型变量分配数列是指按连续变量标志分组所形成的数列。连续型变量是指变量值可以用小数表示，在两个变量之间还有无数个中间数值，变量值不能一一列举。

1)单项式变量数列

它是指每个组仅有一个变量值作为分组标志值所形成的数列,通常适用于离散变量值不多且变量变动范围又不是很大的情况。表 3-3 是根据家庭人口数作为分组标志形成的单项式变量数列。

**表 3-3 单项式变量数列**

| 家庭人口数 | 户数(户) |
|---|---|
| 2 | 5 200 |
| 3 | 23 000 |
| 4 | 15 000 |
| 5 | 3 500 |
| 6 | 1 500 |

2)组距式变量数列

组距式变量数列是指按变量的一定变化区间作为分组标志而形成的数列,通常适用于变量值多的离散型变量或连续型变量的分组。离散型变量可采用同限分组,也可采用不同限分组。表 3-4 为不同限分组。连续型变量组距数列适用于连续型变量的情况,连续型变量组距数列一般采用“同限分组”形式。所谓“同限分组”指前一组的上组限同时也是后一组的下组限,如果变量值等于该组的下限则归于该组(即“下限在内”原则)。表 3-5 所示的某企业职工月工资分组表中,工资为 3 000 元、4 000 元……的工人相应归入第二组、第三组内……

**表 3-4 某车间工人产量分组表**

| 日产量(个) | 工人人数(人) |
|---|---|
| 6 ~ 10 | 30 |
| 11 ~ 15 | 50 |
| 16 ~ 20 | 20 |
| 合计 | 100 |

**表 3-5 某企业职工月工资分组表**

| 组序号 | 工资(元) | 工人人数(人) |
|---|---|---|
| 第一组 | 3 000 以下 | 200 |
| 第二组 | 3 000 ~ 4 000 | 300 |
| 第三组 | 4 000 ~ 5 000 | 500 |
| 第四组 | 5 000 ~ 6 000 | 400 |
| 第五组 | 6 000 以上 | 1 400 |

在组距式变量数列中,要明确以下几个概念:

(1)组限:组距式变量数列中,各组的界限称为组限。组限又分为上限和下限。上限是每组最大的标志值,下限是每组最小的标志值。表 3-5 中第二组的下限为 3 000,上限为 4 000。

如果各组的组限都齐全,称为闭口组,如表 3-5 中的第二至第四组;组限不齐全,即最小组缺下限或最大组缺上限,称为开口组,如表 3-5 中的第一组和第五组。

(2)组距:每组下限与上限之间的距离叫组距。每组组距等于上限与下限之差。

$$组距=上限-下限$$

如表3-5中第二组组距为4 000－3 000＝1 000。

(3)组中值:每组下限与上限之间的中点数值叫组中值。组中值近似代表一组变量的平均水平。

$$闭口组的组中值=\frac{上限+下限}{2}$$

$$缺下限开口组的组中值=该组上限-\frac{邻组组距}{2}$$

$$缺上限开口组的组中值=该组下限+\frac{邻组组距}{2}$$

表3-5中第二组的组中值＝(3 000＋4 000)/2＝3 500;第一组的组中值＝3 000－1 000/2＝2 500;第五组的组中值＝6 000＋1 000/2＝6 500。

按每组组距是否相等,组距式变量数列又分为等距和不等距两种。

等距变量数列是指各组的组距都相等,适用于现象变动比较均匀的情况。等距变量数列有以下优点:第一,各组的单位数不受组距大小的影响,可以直接进行对比来研究次数的分布情况;第二,便于计算各种综合指标,进行对比分析;第三,便于绘制统计图。

不等距变量数列是指各组的组距不都相等。在现象变动不均匀时,或是为了特定的研究目的,常常采用不等距分组,编制不等距变量数列。在不等距变量数列中,可以用频数密度来反映各组实际频数的分布情况。表3-6和表3-7分别为等距数列和不等距数列。

**表3-6　等距数列**

| 企业职工年龄 | 人数(个) |
|---|---|
| 20～30 | 120 |
| 30～40 | 280 |
| 40～50 | 300 |
| 50～60 | 210 |

**表3-7　不等距数列**

| 居民按家庭储蓄存款额分组 | 居民户数(户) |
|---|---|
| 5万元以下 | 120 |
| 5～10万元 | 350 |
| 10～20万元 | 560 |
| 20～50万元 | 280 |
| 50～100万元 | 90 |
| 100万元以上 | 20 |
| 合计 | 1 420 |

### 3.4.2　变量数列的编制

编制变量数列,主要目的是要反映总体的分配特征,并进一步研究总体的构成及变化规律等，而频数和频率是反映变量数列分布特征的。因此，变量数列编制得好与不好，关键要看其能否反映总体的分配特征，即要看各组频数与频率的分配是否符合客观规律。

变量数列的编制是较复杂的，下面以一个实例说明变量数列的编制方法。

**【例 3-2】** 对某班 40 名同学的学习成绩调查结果如下：

| | | | | | | | |
|---|---|---|---|---|---|---|---|
| 68 | 72 | 84 | 56 | 70 | 51 | 86 | 93 |
| 95 | 73 | 78 | 82 | 87 | 86 | 64 | 75 |
| 78 | 74 | 74 | 77 | 85 | 82 | 63 | 74 |
| 79 | 80 | 97 | 78 | 92 | 71 | 71 | 84 |
| 86 | 75 | 76 | 68 | 75 | 76 | 82 | 66 |

这些资料是比较零乱的，不能直接反映出总体的特征，因此，我们需对之加以整理，形成分配数列，以反映总体的分布特征。

首先，将原始资料顺序排列，确定变量值的变动范围。

| | | | | | | | |
|---|---|---|---|---|---|---|---|
| 51 | 56 | 63 | 64 | 66 | 68 | 68 | 70 |
| 71 | 71 | 72 | 73 | 74 | 74 | 74 | 75 |
| 75 | 75 | 76 | 76 | 77 | 78 | 78 | 78 |
| 79 | 80 | 82 | 82 | 82 | 84 | 84 | 85 |
| 86 | 86 | 86 | 87 | 90 | 93 | 95 | 97 |

通过这样的排序，我们可以得到这样一个基本认识：40 名同学的学习成绩并不是杂乱无章的，而是呈一定的规律性。一是其波动幅度在 51 ~ 97 分之间，差距为 46 分（97 − 51）；二是可以看出学习成绩大多数在 70 ~ 90 分之间，偏低或偏高都很少。

其次，确定组数和组距。由于学生成绩的变动幅度较大，如果采用单项式分组，则组数过多，不足以反映总体不同性质组成部分的分布特征，因此可以考虑用组距式分组，组数的确定要根据研究现象的具体情况而定。对学习成绩的分析主要从不及格、及格、中等、良好及优秀方面来考虑，于是可将其分成五组。

组数确定以后，再确定组距。成绩虽然是连续型变量，但习惯上用离散型变量的表示方法，即采用整数作为组限，并且采用重叠组限的形式。

**【注意】** 确定组限时应注意，最低组的下限要小于或等于最小变量值，最高组的上限应大于最大变量值。

根据所确定的组数、组距及组限，可将 40 名同学的学习成绩编制成分配数列，见表 3-8。

**表 3-8 40 名同学的学习成绩分配数列表**

| 学习成绩（分） | 人数（人） |
|---|---|
| 50 ~ 60 | 2 |
| 60 ~ 70 | 5 |
| 70 ~ 80 | 18 |
| 80 ~ 90 | 11 |
| 90 ~ 100 | 4 |

# 3.5　统计图表

## 3.5.1　统计表

通过统计调查得到的原始统计资料，需要经过分类、汇总、排序等整理才能发现数据变化的规律性。在对数据进行整理和汇总后，用表格的形式表示综合统计资料的描述统计工具，被称为统计表。

**1. 统计表的构成**

统计表通常由标号、总标题（表的名称）、行标题、列标题、统计数据和表的注释等几部分组成。表的标号用来表示该统计表在所属章节的位置和顺序；表的总标题也称表头，指统计表的名称，表明统计资料的主要内容；行标题、列标题又分别称为横向标题和纵向标题，主要用来表示统计表所要说明的对象和具体含义；统计数据是通过调查或者整理而填入的数字资料；表的注释通常放在统计表下方，用来表明资料来源或其他的说明。下面用表3-9说明统计表的具体构成。

标号　**表3-9　2020年某企业员工的性别构成情况**　总标题

| 按性别分组 | 人数（人） | 比率 |
|---|---|---|
| 男 | 26 | 46.43% |
| 女 | 30 | 53.57% |
| 合计 | 56 | 100% |

（行标题：男、女；列标题：按性别分组、人数（人）、比率；统计数据）

（数据来源：公司简介）　表的注释

**2. 统计表的编制原则**

统计表的编制应遵循如下原则：

（1）表的标号。标号通常由两个数字组成，如表3-9所示，“3”表示该表位于该本书的第3章，“9”表示它是该章的第9个表格。

（2）总标题。表的名称应该简明扼要，并且涵盖统计表所反映的内容，可以让阅读者明确表中数据的统计时间和数据说明的主要内容。

（3）行标题和列标题。标题的内容要简练准确，行标题和列标题的顺序排列要合理。行标题通常也称为统计表的主词，表明研究总体及其组成部分，是统计表所要说明的对象；列标题通常也称为统计表的宾词，用来说明总体数量特征的各个统计指标。

（4）统计数据。统计表中的数字要写明计量单位，同行或同列的数字必须采用同种计量单位，而且精确度要一致。如果表中所有数据的计量单位是相同的，若用“亿元”为单位，应在表的右上角注明“单位：亿元”字样；如果表中各栏的数值计算单位不同时，应在各栏标题中分别注明计量单位。表中的数据一般不应该有空缺，数据为“0”则填“0”，数据缺失或不需要填写的应该填“—”。

（5）表的注释。如果表中的数据为引用其他资料所得，则必须在表的下方加上注释，注明资料来源，以示对他人劳动成果的尊重，同时可以供读者查阅使用。

**3. 统计表的种类**

按照统计表的主词是否分组以及如何分组,可以将统计表分为简单表和分组表。

1)简单表

简单表是指统计表的主词栏未经任何分组,仅仅罗列各单位名称,或按时间顺序排列的表格。简单表通常用于直接对比不同个体之间的差异,如表3-10所示。

**表3-10 我国2016—2020年国内生产总值**

| 年份 | 国内生产总值(万亿元) |
|---|---|
| 2016 | 74.64 |
| 2017 | 83.20 |
| 2018 | 91.93 |
| 2019 | 98.65 |
| 2020 | 101.60 |

资料来源:中国统计年鉴2020

2)分组表

表的主词按照某一标志进行分组的统计表称为分组表。利用分组表可以揭示不同类型现象的特征,说明现象内部的结构,分析现象之间的相互关系等,如表3-11所示。

**表3-11 2019年年末全国人口数及其构成**

| 指标 | 年末数(万人) | 比重(%) |
|---|---|---|
| 全国总人口 | 140 005 | 100.00 |
| 其中:城镇 | 84 843 | 60.60 |
| 乡村 | 55 162 | 39.40 |
| 其中:男性 | 71 527 | 51.1 |
| 女性 | 68 478 | 48.9 |
| 其中:0~15岁(含不满16周岁) | 24 977 | 17.8 |
| 16~59岁(含不满60周岁) | 89 640 | 64.0 |
| 60周岁及以上 | 25 388 | 18.1 |
| 其中:65周岁及以上 | 17 603 | 12.6 |

资料来源:中华人民共和国2019年国民经济和社会发展统计公报

## 3.5.2 统计图

统计图是用几何图形或具体形象来表述统计资料的一种方式,利用统计图能够更加形象具体、简明生动地展示统计资料,便于人们直观地认识事物的特征。计算机技术的不断发展、计算机制图功能的日益强大,使得统计图的制作更加方便和精确。统计图的种类繁多,常用的有条形图、饼图、折线图、直方图等。

**1. 条形图**

条形图是用宽度相同的条形的高度或长短来表示数据变动的图形,主要用于反映品质数列的频数分布，比较不同组之间的差异，以及变量取值在不同时间或不同空间上的差异或变化趋势。

按放置的方向不同，分为柱形图和条形图。

（1）柱形图。条形图可以横置，也可以纵置，纵置时叫柱形图。柱形图主要用于显示项目之间的比较结果，或一段时间内的数据变化。根据 2016—2020 年中国国内生产总值绘制的柱形图如图 3-7 所示。

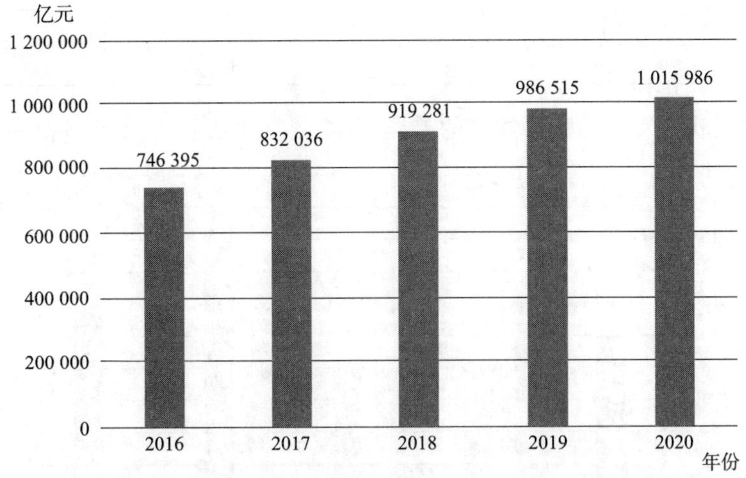


**图 3-7　2016—2020 年中国国内生产总值柱形图**

（2）条形图。图形横置时，称为条形图，用于显示各项目之间的比较状况。纵轴表示分类，横轴表示频数或数值。根据 2016—2020 年中国国内生产总值绘制的条形图如图 3-8 所示。

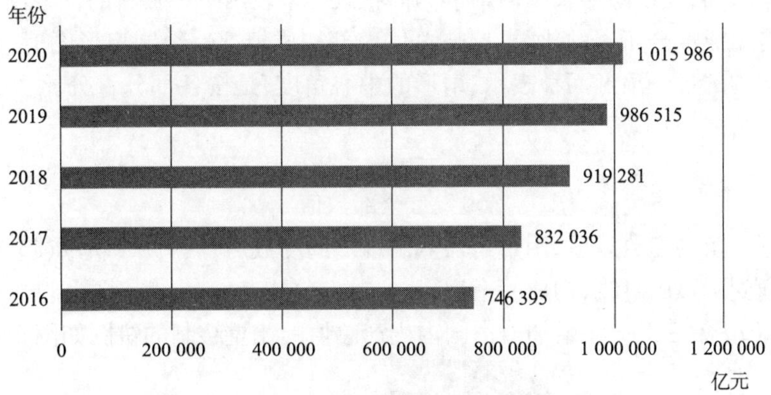


**图 3-8　2016—2020 年中国国内生产总值条形图**

按比较现象的数量不同，分为单式条形图和复式条形图。

（1）单式条形图。由一组表述同一现象数据的条形构成，图中的条形排列可以是纵向的，也可以是横向的，如图 3-7 和图 3-8 所示。

（2）复式条形图。由两个或两个以上单式条形图组成，互相形成不同现象数据之间的对比，各对应条形需用不同的阴影线或色彩加以区别。

【例 3-3】 某超市随机抽取 100 名顾客购买饮料情况的数据见表 3-12。

**表 3-12 100 名顾客购买饮料分布表**

| 饮料类型 | 男 | 女 | 合计 |
|---|---|---|---|
| 果汁 | 2 | 10 | 12 |
| 矿泉水 | 12 | 8 | 20 |
| 绿茶 | 14 | 8 | 22 |
| 碳酸饮料 | 12 | 18 | 30 |
| 其他 | 4 | 12 | 16 |
| 合计 | 44 | 56 | 100 |

【解】 若要反映男女之间购买饮料的差异,可绘制复式条形图,如图 3-9 所示。

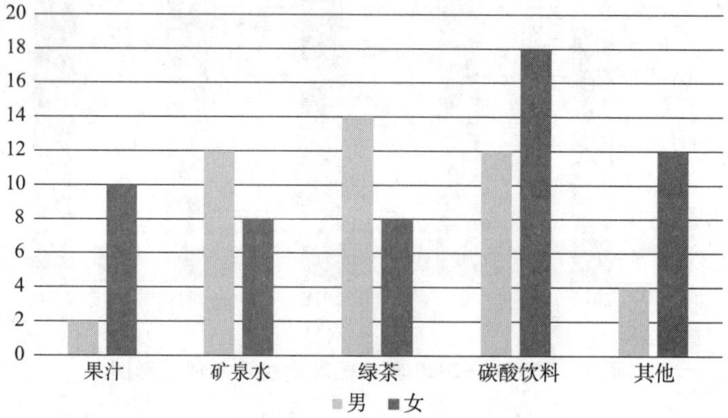


**图 3-9 不同性别消费者购买饮料对比图**

**2. 饼图**

饼图又称扇形图,是以圆形及圆内扇形的面积大小来表示统计资料的一种图形。它主要用于表示总体内各组成部分所占的比重,反映总体内部构成情况。绘制扇形图时,总体中各部分所占百分比用圆内的各个扇形面积表示,扇形的中心角度,是按各部分百分比占 360°的相应比例确定的。计算公式为:

$$\frac{x}{360^\circ}=\frac{\text{某部分数值}}{\text{全部数值}}$$

求出了扇形夹角的度数以后,用量角器点出扇形的度数点,然后从圆心点起,对准度数点划出两条从圆心通到圆弧的直线,构成一个扇形。

根据中国 2020 年三次产业增加值占国内生产总值的比重绘制的饼图如图 3-10 所示。

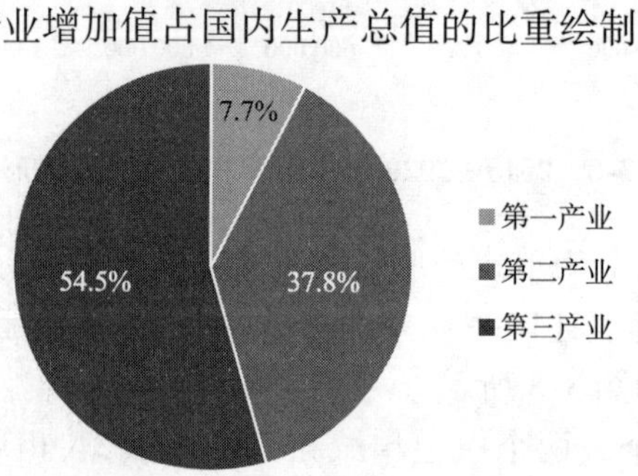


**图 3-10 2020 年三次产业增加值占国内生产总值的比重饼图**

**3. 折线图**

折线图是应用比较广泛的一种图形，它是用折线或曲线的连续升降来表示统计数值大小变动及其趋势的一种统计图。折线图主要用于显示时间数列数据的变动特征。在绘制动态折线图时，可用横轴表示时间，纵轴表示数量。

**【例 3-4】** 四个直辖市 2016—2020 年全市国内生产总值数据见表 3-13。

**表 3-13　四个直辖市 2016—2020 年全市国内生产总值**　　单位：亿元

| 直辖市 | 2016 年 | 2017 年 | 2018 年 | 2019 年 | 2020 年 |
|---|---|---|---|---|---|
| 北京 | 27 041 | 29 883 | 33 106 | 35 445 | 36 103 |
| 天津 | 17 885 | 18 595 | 18 810 | 14 104 | 14 084 |
| 上海 | 29 887 | 32 925 | 36 012 | 37 988 | 38 701 |
| 重庆 | 17 559 | 19 500 | 20 363 | 23 606 | 25 003 |

**【解】** 根据表 3-13 的资料绘制折线图如图 3-11 所示。

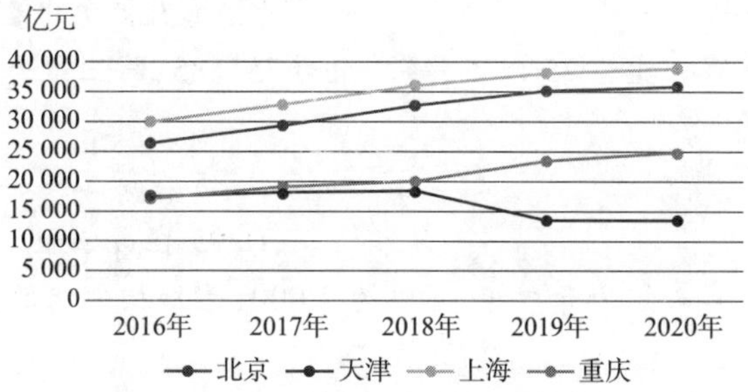


**图 3-11　四个直辖市 2016—2020 年全市国内生产总值折线图**

**4. 直方图**

对于分组数据，用直方图来展示数据的分布会更形象、更直观，它是用矩形的宽度和高度（即面积）来表示频数分布的。绘制该图时，在平面直角坐标中，用横轴表示数据分组，纵轴表示频数或频率。这样，各组与相应的频数就形成了一个个矩形，这些矩形组合在一起就形成了直方图。某班级 40 名同学体重的分组数据，绘制直方图如图 3-12 所示。

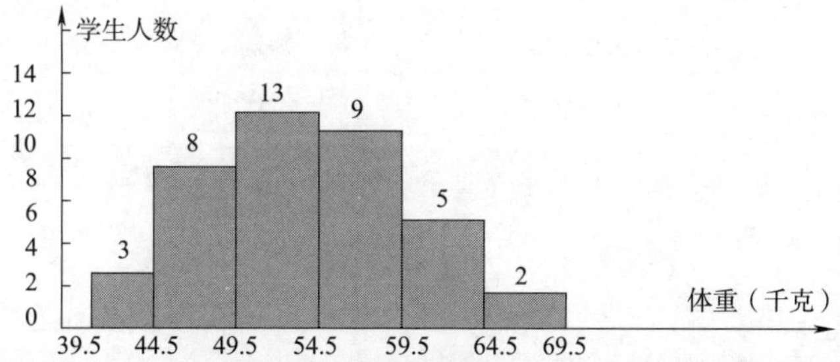


**图 3-12　40 名同学体重分布直方图**

直方图与条形图不同。首先，条形图是用条形的长度（横置时）表示各类别频数的多少，其宽度（表示类别）则是固定的；直方图是用矩形的高度表示每组的频数或频率，宽度则表示各组的组距，因此其高度与宽度均有意义。其次，由于分组数据具有连续性，直方图的各矩形通常是连续排列的，而条形图则是分开排列的。最后，条形图主要用于展示分类数据，而直方图则主要用于展示数值型数据。

## 习 题

### 一、选择题

1. 统计分组的结果表现为（ ）。

A. 组内同质性，组间差异性　　B. 组内差异性，组间同质性

C. 组内差异性，组间差异性　　D. 组内同质性，组间同质性

2. 下面属于按品质标志分组的有（ ）。

A. 企业按职工人数分组　　B. 企业按工业总产值分组

C. 企业按经济类型分组　　D. 企业按资金占用额分组

3. 下面属于按数量标志分组的有（ ）。

A. 工人按政治面貌分组　　B. 工人按工龄分组

C. 工人按性别分组　　D. 工人按文化程度分组

4. 按连续变量分组，第一组为 75 以下，第二组为 75 ~ 85，第三组为 85 ~ 95，第四组为 95 以上，则数据（ ）。

A. 75 在第一组　　B. 85 在第二组

C. 85 在第三组　　D. 95 在第三组

5. 按连续变量分组，其末组为开口组，下限为 2 000，已知相邻组的组中值为 1 750，则末组组中值为（ ）。

A. 2 500　　B. 2 250　　C. 2 100　　D. 2 200

### 二、判断题

1. 通过统计分组，使同一组内的各单位性质相同、不同组的单位性质相异。（ ）

2. 汇总前对调查资料的审核中，及时性是审核的重点。（ ）

3. 统计分组的关键在于确定组数和组距。（ ）

4. 统计分组的关键是正确选择分组标志与划分分组界限。（ ）

# 第4章 统计数据的描述

## 案例导读

统计特征值是指对统计调查的原始资料进行整理后得到的可以精确描述统计数据分布的、具有代表性的数量特征数值。本章介绍如何对变量分布的特征进行描述,主要包括集中趋势描述和离散趋势描述。集中趋势是指变量分布以某一数值为中心的倾向,反映了各个测量值在某个特殊值周围集中的程度,集中趋势可以由平均数、中位数、众数等反映出来。离散程度也叫变异程度,衡量各个测量值距离中心值的分散程度,离散趋势可以由极差、方差、标准差和离散系数等反映出来。

## 4.1 集中趋势的描述

变量分布的集中趋势要用平均指标来反映。平均指标的具体表现称为平均数,平均数因计算方法不同可分为数值平均数和位置平均数两类。数值平均数是指根据变量的所有数据计算而得的平均数,主要介绍算术平均数和几何平均数。位置平均数是指根据变量分布特征直接观察,或根据变量数列部分处于特殊位置的变量值来确定的平均数,主要介绍中位数和众数。

### 4.1.1 算术平均数

算术平均数是平均指标中用途最广,也是最基本的平均数形式。算术平均数有简单算术平均数与加权算术平均数两种计算形式。

**1. 简单算术平均数**

简单算术平均数是用所有观测值的和除以观测值的个数得到的。样本平均数的计算公式为:

$$\bar{x} = \frac{\sum x_i}{n} = \frac{x_1 + x_2 + \cdots + x_n}{n}$$

计算总体平均数的时,我们用 $N$ 来表示总体观测值的个数,那么总体平均数的计算公式如下:

$$\mu = \frac{\sum X_i}{N} = \frac{X_1 + X_2 + \cdots + X_n}{N}$$

**2. 加权算术平均数**

计算样本的简单算术平均数时,可以写成如下形式:

$$\bar{x}=\frac{\sum x_i}{n}=\frac{1}{n}x_1+\frac{1}{n}x_2+\cdots+\frac{1}{n}x_n$$

可以看出每个观测值的权重都是一样的,都为 $1/n$,若不同的观测值的权重不一样时,用这种方法计算得到的平均数即为加权算术平均数。加权算术平均数的计算公式如下:

$$\bar{x}=\frac{\sum x_i f_i}{\sum f_i}=\frac{x_1 f_1+x_2 f_2+\cdots+x_n f_n}{f_1+f_2+\cdots+f_n}$$

式中,$x_i$ 为第 $i$ 组的组中值, $f_i$ 为第 $i$ 组的频数, $n$ 为总体所包含的组数。

**【例 4-1】** 某学习小组共 3 名同学,他们的统计学期评成绩按照期中考试占 30%、期末考试占 50%、平时成绩占 10%、汇报作业占 10% 计算。表 4-1 所示为 3 名同学的得分情况,试计算三名学生的最终成绩。

**表 4-1 某学习小组三名学生统计学成绩统计表**

| 学生 | 期中考试 | 期末考试 | 平时作业 | 汇报作业 |
|---|---|---|---|---|
| 张三 | 90 | 95 | 100 | 80 |
| 李四 | 93 | 90 | 88 | 90 |
| 王五 | 98 | 90 | 90 | 90 |

**【解】** 以张三为例,其统计学期评成绩为:

$$\bar{x}=\frac{\sum x_i f_i}{\sum f_i}=\frac{90\times 0.3+95\times 0.5+100\times 0.1+80\times 0.1}{0.3+0.5+0.1+0.1}=92.5$$

同理,可以计算出另外两名学生的统计学成绩,如表 4-2 所示。

**表 4-2 某学习小组三名学生统计学成绩统计表**

| 学生 | 张三 | 李四 | 王五 |
|---|---|---|---|
| 期评成绩 | 92.5 | 90.7 | 92.4 |

由表 4-2 可知,三位学生的统计学期评成绩从高到低分别是张三、王五和李四。

分组数据是指对原始数据根据不同的条件进行分组、整理而形成的变量数列,计算其均值采用加权算术平均数。

**【例 4-2】** 某厂一车间有 40 个工人,其日产量资料如表 4-3 所示,试计算该车间每个工人的平均日产量。

**表 4-3 车间 40 名工人日产量统计表**

| 按日产量分组(件) | 工人数 |
|---|---|
| 7 | 3 |
| 8 | 6 |
| 9 | 18 |
| 10 | 8 |
| 11 | 5 |
| 合计 | 40 |

【解】

$$\bar{x} = \frac{\sum x_i f_i}{\sum f_i} = \frac{7 \times 3 + 8 \times 6 + 9 \times 18 + 10 \times 8 + 11 \times 5}{3 + 6 + 18 + 8 + 5} = 9.15 \approx 9(\text{件})$$

**【例 4-3】** 甲、乙两个生产小组,甲组工人生产 100 件产品的平均重量为 36 kg,乙组工人生产的产品重量资料如表 4-4 所示,计算比较甲、乙组工人生产的产品的平均重量。

**表 4-4　乙组工人生产的产品重量资料统计表**

| 按产品重量分组(kg) | 数量(件) |
| --- | --- |
| 10 ~ 20 | 18 |
| 20 ~ 30 | 39 |
| 30 ~ 40 | 31 |
| 40 ~ 50 | 12 |
| 合计 | 100 |

**【解】** 产品组中值如表 4-5 所示。

**表 4-5　产品组中值**

| 按产品重量分组(kg) | 数量(件) | 组中值 |
| --- | --- | --- |
| 10 ~ 20 | 18 | 15 |
| 20 ~ 30 | 39 | 25 |
| 30 ~ 40 | 31 | 35 |
| 40 ~ 50 | 12 | 45 |
| 合计 | 100 | — |

$$\bar{x}_{乙} = \frac{\sum x_i f_i}{\sum f_i} = \frac{18 \times 15 + 39 \times 25 + 31 \times 35 + 12 \times 45}{18 + 39 + 31 + 12} = \frac{2\,870}{100} = 28.7(\text{kg})$$

经比较可知,甲组工人生产的产品平均重量较大。

### 4.1.2　几何平均数

几何平均数也是一种特殊的平均数,适用于比值型数据,几何平均数是 $n$ 个变量值连乘积的 $n$ 次方根。几何平均数计算公式如下:

$$\bar{x}_G = \sqrt[n]{\prod x_i} = \sqrt[n]{x_1 x_2 \cdots x_n}$$

其中,$\bar{x}_G$ 为几何平均数,$x_i$ 表示总体中各变量值,$n$ 代表总体中所包含的数值个数。

**【例 4-4】** 某种产品的生产须经过 5 道工序的流水作业才能完成,前 3 道工序的合格率分别为 90%、92% 和 95%,后两道工序的合格率都是 92%。试计算各工序平均合格率。

**【解】** 各工序的合格率是比值型数据,因此应该采用几何平均数来计算:

$$\bar{x}_G = \sqrt[n]{\prod x_i} = \sqrt[5]{90\% \times 92\% \times 95\% \times (92\%)^2} = 92\%$$

因此可以得知,各工序平均合格率是 92%。

### 4.1.3 中位数

中位数是将一组数据排序后处于中间位置上的数据值。计算中位数时，首先要对数据进行排序，确定中位数的位置，然后确定中位数的具体数值。设一组数据排序后为 $x_1, x_2, \cdots x_n$：

$$\text{中位数} = \begin{cases} x_{\frac{n+1}{2}}, \text{当} n \text{为奇数时} \\ \frac{1}{2}(x_{\frac{n}{2}} + x_{\frac{n}{2}+1}), \text{当} n \text{为偶数时} \end{cases}$$

对于组距式分组的数值型数据确定中位数，主要包括两个步骤：

(1)确定中位数所在组：累积频数为第一个大于或等于总体的频数的二分之一的组。

(2)计算中位数具体数值：包括下限公式和上限公式两种：

$$M_e = L + \frac{\frac{\sum f}{2} - S_{m-1}}{f_m} \times d$$

$$M_e = U - \frac{\frac{\sum f}{2} - S_{m+1}}{f_m} \times d$$

公式中的 $L$、$U$ 分别为中位数所在组的下限、上限，$f_m$、$d$ 分别是中位数所在组的频数和组距，$S_{m-1}$、$S_{m+1}$ 分别表示数值比中位数所在组数值小的所有组的频数之和、数值比中位数所在组数值大的所有组的频数之和。

**【例 4-5】** 乙组工人生产的产品重量资料如表 4-6 所示。

**表 4-6 乙组工人生产的产品的资料统计表**

| 组别 | 按产品重量分组(kg) | 数量(件) | 累积频数 |
|---|---|---|---|
| 1 | 10~20 | 18 | 18 |
| 2 | 20~30 | 39 | 57 |
| 3 | 30~40 | 31 | 88 |
| 4 | 40~50 | 12 | 100 |
| 合 计 | | 100 | |

计算该分组资料的中位数。

**【解】** 确定中位数的位置，总体频数二分之一的数值为 50，按照累积频数可以发现，第二组的累积频数首次大于 50，所以中位数所在组为第二组。接着计算中位数的数值，利用下限和上限公式：

$$M_e = L + \frac{\frac{\sum f}{2} - S_{m-1}}{f_m} \times d = 20 + \frac{50 - 18}{39} \times 10 = 28.21$$

$$M_e = U - \frac{\frac{\sum f}{2} - S_{m+1}}{f_m} \times d = 30 - \frac{50 - 43}{39} \times 10 = 28.21$$

### 4.1.4 众数

众数是一组数据中出现次数最多的观测值。众数具有不唯一性，如数列为 1,2,3,4,5 时，则数列没有众数；如数列为 1，1，2，3，4 时，则数列的众数为 1；如数列为 1，2，2，3，3，4 时，则数列的众数为 2 和 3。

对于组距式分组的数值型数据确定众数，主要包括两个步骤：

（1）确定众数所在组：众数所在组为频数最大的组。

（2）计算众数具体数值：计算众数的具体数值包括下限公式和上限公式两种。

$$M_0 = L + \frac{f_m - f_{m-1}}{(f_m - f_{m-1}) + (f_m - f_{m+1})} \times d$$

$$M_0 = U - \frac{f_m - f_{m+1}}{(f_m - f_{m-1}) + (f_m - f_{m+1})} \times d$$

公式中的 $L$、$U$ 分别为中位数所在组的下限、上限，$d$ 表示众数所在组的组距，$f_m$ 表示中位数所在组的频数，$f_{m-1}$ 表示众数所在组前一组的频数，$f_{m+1}$ 表示众数所在组后一组的频数。

**【例 4-6】** 某公司 2021 年 7 月职工奖金分配资料如表 4-7 所示，计算职工获得奖金的众数为多少。

**表 4-7　职工奖金分配资料**

| 组别 | 按奖金金额分组（元） | 职工人数 |
|---|---|---|
| 1 | 200 ~ 300 | 6 |
| 2 | 300 ~ 400 | 20 |
| 3 | 400 ~ 500 | 25 |
| 4 | 500 以上 | 9 |
| 合　计 | | 60 |

**【解】** 从表 4-5 可知，频数最大的是第三组，确定了众数所在组后接着计算众数具体数值。计算众数的具体数值包括下限公式和上限公式两种：

$$M_0 = L + \frac{f_m - f_{m-1}}{(f_m - f_{m-1}) + (f_m - f_{m+1})} \times d = 400 + \frac{25 - 20}{(25 - 20) + (25 - 9)} \times 100 = 423.81$$

$$M_0 = U - \frac{f_m - f_{m+1}}{(f_m - f_{m-1}) + (f_m - f_{m+1})} \times d = 500 - \frac{25 - 9}{(25 - 20) + (25 - 9)} \times 100 = 423.81$$

## 4.2　离散趋势的描述

离散趋势反映了各变量值远离其中心值的程度。集中趋势与离散趋势分别从两个方面描述数据分布的特征。集中趋势强，则离散趋势就弱；离散趋势强，则集中趋势就弱。常用的描述离散趋势的指标有极差、方差、标准差和离散系数等。

### 4.2.1　极差

极差又称为全距，它是一组数据中最大值与最小值之差，反映数据的最大变动范围。通常记为 $R$，即 $R = X_{\max} - X_{\min}$。极差计算比较简单，但是易受极端值的影响，未考虑全部数据的分布情况，有片面性。

### 4.2.2　方差和标准差

离散程度的较为有用的度量方法是方差和标准差，它们是用于描述数值是如何在平均值周围波动的，标准差为方差的开根号。

对于未分组数据，样本方差的计算公式为：

$$S^2 = \frac{\sum (x_i - \bar{x})^2}{n - 1}$$

式中，$S^2$ 为未分组资料样本方差，$x_i$ 为变量数值，$\bar{x}$ 表示样本均值，$n$ 代表样本中所包含的数值个数。

对于未分组数据，总体方差的计算公式为：

$$\delta^2 = \frac{\sum (x_i - \mu)^2}{N}$$

式中，$\delta^2$ 为未分组资料总体方差，$x_i$ 为变量数值，$\mu$ 表示总体均值，$N$ 代表总体中所包含的数值个数。

对于分组资料，样本方差的计算公式为：

$$S^2 = \frac{\sum (x_i - \bar{x})^2 f}{\sum f - 1}$$

式中，$S^2$ 为分组资料样本方差，$x_i$ 为各组的组中值，$\bar{x}$ 表示样本均值，$f$ 代表各组的频数。

对于分组资料，总体方差的计算公式为：

$$\delta^2 = \frac{\sum (x_i - \mu)^2 f}{\sum f}$$

式中，$\delta^2$ 为分组资料总体方差，$x_i$ 为各组的组中值，$\mu$ 表示总体均值，$f$ 代表各组的频数。

**【例 4-7】** 某公司 2021 年 7 月职工奖金分配资料如表 4-8 所示，计算职工获得奖金的方差为多少。

**表 4-8 职工奖金分配资料**

| 组别 | 按奖金金额分组(元) | 职工人数 |
|---|---|---|
| 1 | 200～300 | 6 |
| 2 | 300～400 | 20 |
| 3 | 400～500 | 25 |
| 4 | 500 以上 | 9 |
| 合计 | | 60 |

**【解】** 原表中数据整理得到表 4-9。

**表 4-9 职工奖金分配资料**

| 组别 | 按奖金金额分组(元) | 职工人数 | 组中值 |
|---|---|---|---|
| 1 | 200～300 | 6 | 250 |
| 2 | 300～400 | 20 | 350 |
| 3 | 400～500 | 25 | 450 |
| 4 | 500 以上 | 9 | 550 |
| 合计 | | 60 | |

$$\bar{x}=\frac{\sum x_i f_i}{\sum f_i}=\frac{250\times 6+350\times 20+450\times 25+550\times 9}{6+20+25+9}=\frac{24\ 700}{60}=411.67(\text{元})$$

$$\delta^2=\frac{\sum (x_i-\mu)^2 f}{\sum f}$$

$$=\frac{(250-411.67)^2\times 6+(350-411.67)^2\times 20+(450-411.67)^2\times 25+(550-411.67)^2\times 9}{60}$$

$$=\frac{441\ 833.3}{60}=7\ 363.89$$

### 4.2.3　离散系数

方差和标准差反映的是数据离散程度的绝对值,其数值的大小不仅受原变量值自身水平高低的影响,还受原变量值计量单位的影响。为消除计量单位不同对离散程度测量值的影响,需要计算离散系数。离散系数是一组数据的标准差与其平均数之比。离散系数计算公式为:

总体离散系数:

$$V_\delta=\frac{\delta}{\bar{x}}\times 100\%$$

样本离散系数:

$$V_s=\frac{S}{\bar{x}}\times 100\%$$

两总体进行比较时,离散系数越大说明数据的差异性越大,平均值的代表性越差;离散系数越小说明数据的差异性越小,平均值的代表性越好。

**【例 4-8】**　甲、乙两个生产小组,甲组平均每个工人的日产量为 36 件,标准差为 9.6 件;乙组工人产量资料如表 4-10 所示。

**表 4-10　乙组工人产量资料统计表**

| 组别 | 日常量(件) | 工人数 |
|---|---|---|
| 1 | 10 ~ 20 | 18 |
| 2 | 20 ~ 30 | 39 |
| 3 | 30 ~ 40 | 31 |
| 4 | 40 ~ 50 | 12 |
| 合　计 | | 100 |

计算乙组平均每个工人的日产量,并比较甲、乙两生产小组哪个组的平均日产量更有代表性。

**【解】**

$$\bar{x}_{乙}=\frac{\sum x_i f_i}{\sum f_i}=\frac{15\times 18+25\times 39+35\times 31+45\times 12}{18+39+31+12}=\frac{2\ 870}{100}=28.7(\text{kg})$$

$$\delta_{乙}^2 = \frac{\sum (x_i - \mu)^2 f}{\sum f}$$

$$= \frac{(15 - 28.7)^2 \times 18 + (25 - 28.7)^2 \times 39 + (35 - 28.7)^2 \times 31 + (45 - 28.7)^2 \times 12}{100}$$

$$= \frac{8\ 331}{100} = 83.31$$

$$\delta_{乙} = 9.13$$

$$V_{\delta 甲} = \frac{\delta_{甲}}{\bar{x}_{甲}} \times 100\% = \frac{9.6}{36} \times 100\% = 27\%$$

$$V_{\delta 乙} = \frac{\delta_{乙}}{\bar{x}_{乙}} \times 100\% = \frac{9.13}{28.7} \times 100\% = 32\%$$

因为甲生产小组的离散系数小于乙生产小组的离散系数，甲生产小组的平均日产量更有代表性。

## 习　　题

### 一、选择题

若两个变量数列的标准差相等且计量单位相同，但平均数不相等，则（　　）。

A. 平均数大者代表性强　　B. 平均数小者代表性强

C. 两个平均数的代表性一样　　D. 无法判断哪个平均数的代表性强

### 二、判断题

1. 位置平均数不受变量数列中的极端值的影响。（　　）
2. 任何变量数列都既存在中位数，又存在众数。（　　）
3. 根据组距式数列计算的平均数、标准差等，都是近似值。（　　）

### 三、计算题

甲班某次统计学考试成绩如表4-11所示。

**表4-11　甲班统计学考试成绩统计表**

| 组别 | 考试成绩(分) | 学生人数 |
|---|---|---|
| 1 | 60以下 | 5 |
| 2 | 60～70 | 8 |
| 3 | 70～80 | 22 |
| 4 | 80～90 | 10 |
| 5 | 90以上 | 5 |
| 合计 | | 50 |

问：如果乙班考试成绩的算术平均数为80分，标准差为10分，那么哪个班级的平均成绩更具有代表性？

# 第5章 统计指数

## 案例导读

国家统计局：2020年全年，全国居民消费价格(CPI)比上年上涨2.5%。

2020年全年，全国居民消费价格(CPI)比上年上涨2.5%，保持在合理运行区间，实现了全年物价调控目标以及政府工作报告提出的“3.5%左右”的目标。

这意味着什么呢？国务院发展研究中心指出，在疫情冲击之下，我们供给的恢复能力还是强大的，所以由疫情冲击所导致的价格上涨很快就稳定下来了。猪周期①的影响，实际上在前期的各项政策效果不断显现的背景下，在2020年也是很快地在减弱。这表明我们的基本生活用品，特别是在食品供给的保障能力方面，基础是比较扎实的。

在非食品中，医疗保健、教育文化和娱乐价格分别上涨，生活用品及服务价格持平，交通和通信、居住、衣着价格分别下降。

思考：你知道什么是CPI吗？国家统计局是怎么算出来的？揭示了什么？

## 5.1 统计指数概述

统计学中的指数产生于18世纪后半期，最早应用于欧洲对物价指数的研究上。因此，统计指数是经济统计中最古老、最独特的统计分析方法之一，主要用以测度和分析复杂经济现象总体的综合变动程度。

### 5.1.1 统计指数的概念

统计学理论中，统计指数主要是指总指数。通常，统计指数的概念有广义与狭义之分。广义的指数是指一切说明社会经济现象数量变动或差异程度的相对数，如动态相对数、比较相对数、计划完成相对数等。

狭义的指数是一种特殊的相对数，它是用来反映不能直接相加和对比的复杂的社会经济现象综合变动的动态相对数，如零售物价指数、股份指数、工业产品产量等。统计指数，主要是指狭义指数。

### 5.1.2 统计指数的分类

根据统计研究任务不同，研究对象有别，指数从不同的角度有不同的分类。

① 猪周期是一种经济现象，指“价高伤民、价贱伤农”的周期性猪肉价格变化怪圈。

**1. 按照说明事物范围的不同,统计指数可以分为个体指数和总指数**

个体指数是反映某一个别事物变动的相对数。例如,某企业 2019 年第二季度 A 产品的产量为 5 550 件,第一季度为 5 000 件,则第二季度 A 产品的产量个体指数为 111% (5 550 ÷ 5 000 × 100% ),表明 A 产品产量报告期比基期增长了 11% 。

总指数是反映全部事物或多种事物总变动程度的相对数,即狭义的指数。如某企业 2019 年第二季度与第一季度相比,三种主要产品产量综合指数为 106. 8% ,这时有的产品产量增长幅度高一些,有的产品产量增长幅度低一些,甚至可能还会下降。总之,它表明三种不同产品的产量平均上升了 6. 8% 。

**2. 按照反映指标的性质不同,指数可以分为数量指标指数和质量指标指数**

数量指标指数也称数量指数,它是表明总体单位数、规模等数量指标变动的相对数,如产量指数、销售量指数、工人人数指数等。通常将数量指标用字母 $q$ 表示,报告期数量指标用 $q_1$ 表示,基期数量指标用 $q_0$ 表示。数量指标指数则通常在指数符号下加下标 $q$ 来表示。通常个体数量指标指数用 $k_q$ 表示,而数量指标综合指数即数量指标总指数用 $\bar{k}_q$ 表示。

质量指标指数也称质量指数,它是表明总体单位水平、工作质量等质量指标的相对数,如价格指数、单位成本指数、劳动生产率指数、平均工资指数等。通常将质量指标用字母 $p$ 表示,报告期质量指标用 $p_1$ 表示,基期质量指标用 $p_0$ 表示。质量指标指数则通常在指数符号下加下标 $p$ 表示。通常个体质量指标指数用 $k_p$ 表示,而质量指标综合指数即质量指标总指数用 $\bar{k}_q$ 表示。

数量指标指数和质量指标指数除了所反映的指标性质不同外,在构建指数体系和变形为平均指数时,所选择同度量因素的时期也不同,各有自己独特的指数计算方法。

### 5. 1. 3 统计指数的作用

**1. 统计指数能反映复杂现象总体在数量上的变动方向和变动程度**

通过指数可以解决现象的量不能直接相加、对比的问题。统计指数一般是用百分比表示的相对数。其值大于或小于 100% 反映经济现象的上升或下降的方向。例如,零售物价指数为 115% ,说明尽管各种商品的零售价格有涨有落,但总体来看零售物价上涨了 15% 。

**2. 统计指数能对现象的总体变动进行因素分析**

许多社会经济现象都是复杂现象,其变动受多种因素的影响。例如,商品销售额 = 商品销售量 × 单位商品价格。这个公式表示商品销售额的变动受到商品销售量和商品价格两种因素的影响。对于这种受到两种或两种以上因素影响的总体现象,可以利用统计指数从相对数和绝对数两方面分析各因素对总体的影响方向和影响程度,这种方法叫作因素分析法。

**3. 研究经济现象的长期变动趋势**

用连续编制的动态指数所形成的指数数列,可以反映研究总体某一数量特征的长期趋势。例如,编制零售物价指数数列,来反映一定时期内物价的变动情况;编制每一天的股价指数来反映股票价格的升与跌等。

**4. 对经济现象进行综合评价和测定**

随着指数法在实际应用中的发展,许多经济现象都可以运用统计指数进行综合评价和测定。例如,用综合经济动态指数评价一个地区、一个企业经济效益的高低;根据指数理论建立社会发展和国民经济运行的评价和预警系统。

# 5.2　数量指标指数

## 5.2.1　数量指标综合指数

数量指标综合指数是说明总变动指标中数量指标综合变动情况的指数。例如，销售量指数、产量指数、工人人数指数等都是数量指标综合指数。

**【例 5-1】**　设某企业生产三种主要产品，报告期和基期的产量及价格如表 5-1 所示。

**表 5-1　某企业产品产量及价格**

| 产品名称 | 计量单位 | 产量 | | 价格(元) | |
|---|---|---|---|---|---|
| | | 基期 $q_0$ | 报告期 $q_1$ | 基期 $p_0$ | 报告期 $p_1$ |
| 甲 | 件 | 200 | 250 | 42 | 40 |
| 乙 | 吨 | 750 | 800 | 3.6 | 3.0 |
| 丙 | 台 | 50 | 46 | 240 | 200 |

根据表 5-1 的资料，计算三种产品的个体产量指数如下：

$$K_{甲} = \frac{q_1}{q_0} = \frac{250}{200} = 125\%$$

$$K_{乙} = \frac{q_1}{q_0} = \frac{800}{750} = 106.7\%$$

$$K_{丙} = \frac{q_1}{q_0} = \frac{46}{50} = 92\%$$

计算结果表明，甲产品产量增加了 25%，乙产品产量增加了 6.7%，丙产品产量减少了 8%。这些个体指数只反映了每一种产品产量变动的结果，却反映不了该企业三种产品产量总变动程度。但是，在经济管理工作中，必须研究三种产品产量总的变动程度，这就需要计算产量综合指数。

在计算三种产品产量总变动时，由于它们的使用价值不同、计量单位不同，不能直接相加综合计算。怎么才能把它们相加起来反映产品产量综合变动呢？这就必须根据社会经济现象的内在联系，找出正确的同度量因素。什么是同度量因素呢？凡是把不能直接相加的总体单位标志值，通过某个因素，过渡到另一种可以相加的总体单位标志值，这个因素就是同度量因素。

在研究产品产量综合变动时，怎样确定同度量因素呢？我们知道产量、价格与产值的关系是：产量 × 价格 = 产值。该式表明在研究产量变动时，其同度量因素是价格。通过价格这个因素，就可以将原来不能同度量的产量分别乘以该产品的价格，得到各种产品的产值，各种产品的产值是可以相加的。价格这一因素在这里起同度量作用。

同度量因素“价格”在两个时期的水平是不相同的，为了只反映产量变动，排除价格因素变动的影响，必须把价格固定起来，即用同一时期的价格作同度量因素。只有这样，才能使总产值的变动单纯反映产量变动，而不受产品出厂价格变动的影响。

把价格这个因素固定在哪个时期，有两种方法：一是用基期价格作为同度量因素，另一个是用报告期价格作为同度量因素。在实际工作中，一般认为，编制产品产量指数，应将作为同度量因素的价格固定在基期。因为就编制产品产量指数的目的而言，应该只反映产品产量的变化，不应该同时反映价格因素的变动。而价格在基期到报告期之间是会发生变化的，若假定价格不变,就应该采用基期的价格,才符合经济现象的客观实际。

【例 5-2】 现根据表 5-1 的资料说明产品产量综合指数计算方法,见表 5-2。

$$产品产量综合指数 = \frac{\sum(报告期产量 \times 基期价格)}{\sum(基期产量 \times 基期价格)}$$

用符号则表示为:

$$\overline{K}_q = \frac{\sum q_1 p_0}{\sum q_0 p_0}$$

式中:$\overline{K}_q$ 代表产品产量综合指数;$\sum q_1 p_0$ 代表基期价格计算的报告期假定产值,$\sum q_0 p_0$ 代表基期实际产值。

**表 5-2 数量指标综合指数计算表**

| 产品名称 | 计量单位 | 产量 | | 基期价格 $p_0$(元) | 产品总产值(元) | |
|---|---|---|---|---|---|---|
| | | 基期 $q_0$ | 报告期 $q_1$ | | 基期实际产值 $q_0p_0$ | 按基期价格计算的报告期假定产值 $q_1p_0$ |
| 甲 | 件 | 200 | 250 | 42 | 8 400 | 10 500 |
| 乙 | 吨 | 750 | 800 | 3. 6 | 2 700 | 2 880 |
| 丙 | 台 | 50 | 46 | 240 | 12 000 | 11 040 |
| 合计 | — | — | — | | 23 100 | 24 420 |

那么,上例中产品产量综合指数为:

$$\overline{K}_q = \frac{\sum q_1 p_0}{\sum q_0 p_0} = \frac{24\ 420}{23\ 100} = 105.7\%$$

$$\sum q_1 p_0 - \sum q_0 p_0 = 1\ 320\ (元)$$

计算结果表明,该企业三种产品产值报告期比基期增长了 5. 7% ,由于产量的变化,产值增加了 1 320 元。

上述编制产品产量指数的方法,也适用于其他数量指标指数。概括来说,在一般情况下,编制数量指标综合指数时,应该以基期的质量指标作为同度量因素。以基期质量指标作为同度量因素编制的指数,也称拉斯贝尔(Laspeyres)指数。

此外,为了研究较长时期的生产量变动情况,还可以采用某一固定时期的不变价格作同度量因素。其公式为:

$$\overline{K}_q = \frac{\sum q_1 p_n}{\sum q_0 p_n}$$

式中:$p_n$ 代表某一固定时期价格。

利用固定价格编制工农产品产量指标、商品销售量总指数,在我国实际工作中被广泛地采用。但要注意固定时期价格使用期不可太长,要每隔几年更换一次,否则固定时期的价格与实际价格间隔太远,不利于研究国民经济各部门结构、比例的发展变化情况。

### 5. 2. 2 数量指标平均数指数

我们知道,在编制产品产量指数时,只有掌握各种产品的产量和价格资料,才能使用数量指

标指数公式 $\overline{K}_q = \dfrac{\sum q_1p_0}{\sum q_0p_0}$ 进行计算，但在实际工作中，有时难以取得齐备的资料，而只有各种产品个体产量指数和基期的总产值资料。在这种情下，可将综合指数公式改为加权算术平均数形式来编制产品产量总指数。

因为现报告期产量 $q_1$ 未知，个体产量指数 $K_q$ 已知，且 $K_q = q_1 \div q_0$，则 $q_1 = K_q q_0$。将它代入 $\overline{K}_q = \dfrac{\sum q_1p_0}{\sum q_0p_0}$ 中，得：

$$\overline{K}_q = \frac{\sum K_q q_0 p_0}{\sum q_0 p_0}$$

改变后的这种指数就是加权算术平均数形式的产品产量指数。它实际上就是以基期产值 $q_0\,p_0$ 为权数的个体产量指数 $K_q$ 的加权算术平均数，是综合指数的变形。

**【例 5-3】**　现根据表 5-1 的资料说明产品产量加权算术平均数指数计算方法，见表 5-3。

**表 5-3　产品产量加权算术平均数指数计算表**

| 产品名称 | 计量单位 | 产量 | | | 基期实际产值 $q_0p_0$（元） | 按基期价格计算的报告期假定产值 $K_qq_0p_0$ |
|---|---|---|---|---|---|---|
| | | 基期 $q_0$ | 报告期 $q_1$ | 个体指数 $q_1/q_0$（%） | | |
| 甲 | 件 | 200 | 250 | 125 | 8 400 | 10 500 |
| 乙 | 吨 | 750 | 800 | 106.67 | 2 700 | 2 880.09 |
| 丙 | 台 | 50 | 46 | 92 | 12 000 | 11 040 |
| 合计 | — | — | — | | 23 100 | 24 420.09 |

$$\overline{K}_q = \frac{\sum K_q q_0 p_0}{\sum q_0 p_0} = \frac{24\,420.09}{23\,100} = 105.7\%$$

$$\sum K_q q_0 p_0 - \sum q_0 p_0 = 24\,420.09 - 23\,100 = 1\,320（元）$$

计算结果说明，三种产品产量报告期比基期平均增长了 5.7%，产量的增加使产值增加了 1 320 元。可见，如果条件一致，用算术平均数指数公式计算的结果和用综合指数公式计算的结果是相同的。其经济意义与综合指数也完全相同，只是利用的资料和计算过程不同。

## 5.3　质量指标指数

### 5.3.1 质量指标综合指数

反映质量指标综合变动的指数称为质量指标综合指数。

**【例 5-4】**　现以价格指数为例，说明质量指标综合指数的编制方法。仍以表 5-1 的资料为例，计算三种产品的个体价格指数如下：

$$K_{甲} = \frac{p_1}{p_0} = \frac{40}{42} = 95.2\%$$

$$K_{乙} = \frac{p_1}{p_0} = \frac{3.0}{3.6} = 83.3\%$$

$$K_{丙} = \frac{p_1}{p_0} = \frac{200}{240} = 83.3\%$$

计算结果表明,三种产品的价格报告期和基期相比,甲产品下降了 4.8%,乙产品下降了 16.7%,丙产品也下降了 16.7%。如果要问三种产品价格变动程度如何,这就需要计算产品价格综合指数。

三种产品的价格和产量一样也不能直接相加,这就要找出一个同度量因素。如果把各种产品的价格分别乘以其产量,得出三种产品的产值,这样就可以加总和对比了。在这里,产品产量是价格的同度量因素。是用基期的产量还是用报告期的产量作同度量因素呢?在实际工作中,一般采用报告期的产量作同度量因素。因为计算物价指数的目的,不仅要反映物价总变动的趋势及程度,还要研究当前市场产品价格变动对国家税收及城乡人民经济生活的影响。以报告期产品产量作同度量因素,能够使物价指数有现实的经济意义。

**【例 5-5】** 现仍用表 5-1 的资料说明产品价格综合指数的计算方法,见表 5-4。

$$产品价格综合指数 = \frac{\sum(报告期产量 \times 报告期价格)}{\sum(报告期产量 \times 基期价格)}$$

用符号则表示为:

$$\overline{K}_p = \frac{\sum q_1p_1}{\sum q_1p_0}$$

式中:$\overline{K}_p$ 代表产品价格综合指数;$\sum q_1p_1$ 代表报告期实际产值,$\sum q_1p_0$ 代表以报告期价格计算的基期假定产值。

**表 5-4 质量指标综合指数计算表**

| 产品名称 | 计量单位 | 价格(元) | | 报告期产量 $q_1$ | 产品总产值(元) | |
|---|---|---|---|---|---|---|
| | | 基期 $p_0$ | 报告期 $p_1$ | | 按基期价格计算的报告期假定产值 $q_1p_0$ | 报告期产值 $q_1p_1$ |
| 甲 | 件 | 42 | 40 | 250 | 10 500 | 10 000 |
| 乙 | 吨 | 3.6 | 3.0 | 800 | 2 880 | 2 400 |
| 丙 | 台 | 240 | 200 | 46 | 11 040 | 9 200 |
| 合计 | — | — | — | | 24 420 | 21 600 |

根据表 5-3 的资料可以求得价格综合指数为:

$$\overline{K}_p = \frac{\sum q_1p_1}{\sum q_1p_0} = \frac{21\ 600}{24\ 420} = 88.5\%$$

$$\sum q_1p_1 - \sum q_1p_0 = 21\ 600 - 24\ 420 = -2\ 820(元)$$

计算结果表明,该企业三种产品价格报告期比基期降低了 11.5%,价格的降低使报告期总产值减少了 2 820 元。

上述编制产品价格指数的方法,也适用于其他质量指标指数。概括来说,在一般情况下,编制质量指标综合指数时,应该以报告期的数量指标作为同度量因素。以报告期数量指标作同度量因素编制的指数,也称帕氏(Paasche)指数。

### 5.3.2　质量指标平均数指数

在编制物价指数时，如果直接按照综合指数公式进行计算，就需要掌握各种产品的产量和价格资料。但是，有时受到计算资料的限制，须将综合指数公式改变为加权调和平均数形式编制产品价格总指数。

因为基期价格 $p_0$ 未知，个体产量指数 $K_p$ 已知，且 $K_p = p_1 \div p_0$，则 $p_0 = \frac{1}{K_p} \times p_1$ 将它代入 $\overline{K_q} = \frac{\sum q_1 p_1}{\sum q_1 p_0}$ 中，得：

$$\overline{K_p} = \frac{\sum q_1 p_1}{\sum q_1 p_0} = \frac{\sum q_1 p_1}{\sum \frac{1}{K_p} q_1 p_1}$$

**【例 5-6】**　现仍用表 5-1 的资料说明加权调和平均数指数的计算方法，见表 5-5。

**表 5-5　产品价格加权算数平均数指数计算表**

| 产品名称 | 计量单位 | 价格（元） | | | 报告期产品产值 $q_1p_1$（元） | 按报告期产量计算的报告期假定产值 $\frac{1}{K_p}q_1p_1$ |
|---|---|---|---|---|---|---|
| | | 基期 $p_0$ | 报告期 $p_1$ | 个体指数 $p_1/p_0$（%） | | |
| 甲 | 件 | 42 | 40 | 95.2 | 10 000 | 10 500 |
| 乙 | 吨 | 3.6 | 3.0 | 83.3 | 2 400 | 2 880.09 |
| 丙 | 台 | 240 | 200 | 83.3 | 9 200 | 11 040 |
| 合计 | — | — | — | | 21 600 | 24 420.09 |

$$\overline{K_p} = \frac{\sum q_1 p_1}{\sum \frac{1}{K_p} q_1 p_1} = \frac{21\ 600}{24\ 420.09} = 88.5\%$$

$$\sum q_1 p_1 - \sum \frac{1}{K_p} q_1 p_1 = 21\ 600 - 24\ 420.09 = -2\ 820\ (\text{元})$$

计算结果表明，该企业三种产品价格报告期比基期降低了 11.5%，价格的降低使报告期总产值减少了 2 820 元，同前面综合指数公式计算的结果是完全一致的，只是由于掌握的具体资料不同，计算过程不同。

## 5.4　指数体系及因素分析

### 5.4.1　指数体系的概念

社会经济现象之间的相互联系、相互影响的关系是客观存在的。有些社会经济现象之间的联系可以用经济方程式表现出来，如：

商品销售额 = 商品销售量 × 商品销售价格

生产总成本 = 产品产量 × 单位产品成本

上述的这种关系，按指数形式表现时，同样也存在这种对等关系。即

商品销售额指数 = 商品销售量指数 × 商品销售价格指数

生产总成本指数 = 产品产量指数 × 单位产品成本指数

在统计分析中,将一系列相互联系、彼此间在数量上存在推算关系的统计指数所构成的整体称为指数体系。指数体系在指数方法论中占有一定的地位,其基本作用表现在对现象进行因素分析方面,这一点将在下面详细介绍。另外,指数体系对单位各综合指数的编制亦有其指导意义。最后,指数体系还可应用于指数的推算。例如,在三个指数形成的指数体系中,只要已知其中任意两个指数,便可依据指数体系的联系推算出未知的第三个指数。

### 5.4.2 两因素分析

复杂的社会现象是由两个以上因素构成,各因素之间的客观联系是建立统计指数体系的依据。这种关系,在相对数上表现为乘积的关系,在绝对数上表现为相加的关系。如表 5-6(数据同表 5-1)中某企业生产甲、乙、丙三种产品,按照前面已统计算出来的结果,则可以得到相对数关系为:

产品产值指数 = 产品产量指数 × 产品价格指数

$$\frac{\sum q_1p_1}{\sum q_0p_0} = \frac{\sum q_1p_0}{\sum q_0p_0} \times \frac{\sum q_1p_1}{\sum q_1p_0}$$

$$\frac{21\ 600}{23\ 100} = \frac{24\ 420}{23\ 100} \times \frac{21\ 600}{24\ 420}$$

$$93.5\% = 105.7\% \times 88.5\%$$

其绝对数关系为:

产品产值增减变动额 = 因产品产量变动而增减的产值额 + 因产品价格变动而增减的产值额

$$\sum q_1p_1 - \sum q_0p_0 = \left(\sum q_1p_0 - \sum q_0p_0\right) + \left(\sum q_1p_1 - \sum q_1p_0\right)$$

$$21\ 600 - 23\ 100 = (24\ 420 - 23\ 100) + (21\ 600 - 24\ 420) = 1\ 320 + (-2\ 820) = -1\ 500$$

**表 5-6 某企业产品生产情况**

| 产品名称 | 计量单位 | 产量 | | 价格(元) | | 产值(元) | |
|---|---|---|---|---|---|---|---|
| | | 基期 $q_0$ | 报告期 $q_1$ | 基期 $p_0$ | 报告期 $p_1$ | 基期 $p_0q_0$ | 报告期 $p_1q_1$ |
| 甲 | 件 | 200 | 250 | 42 | 40 | 8 400 | 10 000 |
| 乙 | 吨 | 750 | 800 | 3.6 | 3.0 | 2 700 | 2 400 |
| 丙 | 台 | 50 | 46 | 240 | 200 | 12 000 | 9 200 |
| 合计 | — | — | — | — | — | 23 100 | 21 600 |

以上的计算表明,某企业的甲、乙、丙三种产品的产值,报告期比基期降低了 6.5%,由此导致产值减少 1 500 元。产值的变动是受两个因素影响的共同结果:一是由于三种产品的产量报告期比基期上升了 5.7%,使产值增加了 1 320 元;二是由于三种产品的价格报告期比基期下降了 11.5%,使销售额减少了 2 820 元。

类似地,我们还可以从相对数和绝对数两方面对商品销售额与销售量和销售价格之间,以及生产总成本与产量、单位成本之间等社会经济现象进行因素分析。

### 5.4.3 多因素分析

复杂社会现象变动有时会受三个或三个以上因素变动的影响,对此,可利用指数体系进行多因素分析,以测定各个因素变动对现象总体变动的影响程度。多因素的指数体系编制与两个因素指数体系的编制方法基本相同。当分析其中一个因素的影响时,要将其他因素都固定起来,同时仍按照综合指数的编制原则,即编制数量指标指数时,应将作为同度量因素的质量指标固定在基期;编制质量指标指数时,应将作为同度量因素的数量指标固定在报告期。

例如,在进行原材料费用额度分析时,其影响因素分别是产品产量、单位原材料消耗量和单位原材料价格。在这三个因素中,产品产量是数量指标,应排在第一位,由于单位原材料消耗量和单位原材料价格均为质量指标,应排在后面,由于产量乘以单耗等于总消耗量,所以单耗排在第二位,单位原材料价格排在第三位。设 $q$ 表示产品产量,$m$ 表示单位原材料消耗量,$p$ 表示单位原材料价格,则 $qmp$ 即为原材料费用总额。分析多因素影响的指数体系关系如下:

$$\frac{\sum q_1 m_1 p_1}{\sum q_0 m_0 p_0} = \frac{\sum q_1 m_0 p_0}{\sum q_0 m_0 p_0} \times \frac{\sum q_1 m_1 p_0}{\sum q_1 m_0 p_0} \times \frac{\sum q_1 m_1 p_1}{\sum q_1 m_1 p_0}$$

在具体编制多因素指数体系时,一定要合理排列现象多因素的先后顺序,各因素之间的排列顺序要符合经济现象各因素之间相互联系的客观情况;各因素的替代必须依据各因素的客观经济关系,由数量到质量,按顺序逐次连锁进行;在分析数量指标因素和质量指标因素时,要按指数法规定的同度量因素原则进行。

## 5.5　物价指数

物价指数是一个衡量市场上物价总水平变动情况的指数,也是用来衡量经济中发生的通货膨胀或通货紧缩的一个指标。物价指数包括消费者价格指数、生产物价指数、GDP 平减指数等,这里主要介绍消费者价格指数。

### 5.5.1　消费者价格指数的概念

消费者价格指数(Consumer Price Index,CPI)也叫居民消费价格指数,是指居民支付所购买消费品和获得服务项目的价格,它同人民生活休戚相关,在整个国民经济价格体系中占有重要地位。居民消费价格指数就是反映这种消费品和服务项目价格变动趋势和程度的相对数,可用于分析居民实际收入水平和生活水平的变化,是政府研究和制定有关价格政策和分配政策的依据。消费者价格指数包括居民用于日常生活的全部商品和服务项目。按国家统计局规定的《商品目录》,共分八个大类,即食品、衣着、家庭设备及用品、医疗保健、交通和通信、娱乐教育和文化用品、居住、服务项目。全国纳入统计调查的消费品和服务项目有 325 种之多。

### 5.5.2　消费者价格指数的编制

编制 CPI 是一项庞大的工作,通常包括三个基本步骤:①通过对城镇消费者对产品和服务的购买进行消费者支出调查,进而确定消费者购买的一个"商品篮子";②对"商品篮子"中的物品价格进行调查和记录;③计算 CPI。

对上述步骤①和②,限于本书篇幅,不再赘述。下面说明步骤③。对于步骤③,又可分为如下三步:

第一步,指定基年(期),计算在基期价格下"商品篮子"的费用额。

第二步,计算现期(报告期)价格下“商品篮子”的费用额。

第三步,按下面的公式计算基期和现期的 CPI:

$$\text{CPI}=\frac{\text{现期价格下“商品篮子”的费用额}}{\text{基期价格下“商品篮子”的费用额}}\times 100$$

下面用例子说明上面的计算,见表 5-7。

**表 5-7 鸡蛋和苹果的价格**

| 年份 | 鸡蛋价格(元/500 g) | 苹果价格(元/500 g) |
|---|---|---|
| 2016 | 8 | 5 |
| 2018 | 10 | 6 |

假定所确定的“商品篮子”是 5 单位鸡蛋和 2 单位苹果(1 单位为 500 g)。基期(年)为 2016 年,计算期为2018 年,得

$$\text{CPI}_{2016}=\frac{5\times 2016\text{ 年鸡蛋价格}+2\times 2016\text{ 年苹果价格}}{5\times 2016\text{ 年鸡蛋价格}+2\times 2016\text{ 年苹果价格}}\times 100=\frac{5\times 8+2\times 5}{5\times 8+2\times 5}\times 100$$

$$=100$$

上式说明,一般地,基年的 CPI 为 100。

$$\text{CPI}_{2018}=\frac{5\times 2018\text{ 年鸡蛋价格}+2\times 2018\text{ 年苹果价格}}{5\times 2016\text{ 年鸡蛋价格}+2\times 2016\text{ 年苹果价格}}\times 100=\frac{5\times 10+2\times 6}{5\times 8+2\times 5}\times 100$$

$$=124$$

上述计算的指数告诉人们,相对于 2016 年购买 5 单位鸡蛋和 2 单位苹果的支出,2018 年购买同样一组产品消费者要多花 24 元。

## 习 题

### 一、选择题

1. 某厂生产费用今年比去年增长 50%,产量比去年增长 25%,则单位成本比去年上升(  )。

A. 25%　　B. 125%　　C. 20%　　D. 120%

2. 某商店商品销售额报告期和基期相同,报告期商品价格比基期提高了 10%,那么报告期商品销售量比基期(  )。

A. 提高了 10%　　B. 减少了 9%　　C. 增长了 5%　　D. 上升了 11%

3. 单位成本报告期比基期下降 8%,产量增加 8%,在这种条件下,生产总费用(  )。

A. 增加了　　B. 减少了

C. 没有变化　　D. 难以确定

4. 同样多的货币支出少购买 5% 的商品,那么商品价格指数是(  )。

A. 5. 26%　　B. 105%

C. 105. 26%　　D. 5%

### 二、计算题

1. 某企业生产三种产品的有关数据如表 5-8 所示,求三种产品的产量总指数。

表 5-8　三种产品的相关数据

| 商品名称 | 总成本(万元) | | 产量个体指数($q_1/q_0$) |
|---|---|---|---|
| | 基期 | 报告期 | |
| 甲 | 200 | 220 | 1.03 |
| 乙 | 50 | 50 | 0.98 |
| 丙 | 120 | 150 | 1.10 |

2. 某公司三种商品销售额及价格变动资料如表5-9所示,计算三种商品价格总指数和销售量总指数。

表 5-9　三种商品的销售额及价格变动

| 商品名称 | 商品销售额(万元) | | 价格变动率(%) |
|---|---|---|---|
| | 基期 | 报告期 | |
| 甲 | 500 | 650 | 2 |
| 乙 | 200 | 200 | -5 |
| 丙 | 1 000 | 1 200 | 10 |

# 第6章 参数估计

## 案例导读

近年来,乳制品行业中液态奶的发展特别引人注目,并已成为占比较大、增长较快的品种。MENN 是一家生产乳制品的公司,袋装牛奶的产量占其总量的一半以上。该公司每天生产的袋装牛奶产量约为 10 000 袋,按规定每袋的容量应不少于 250 mL,否则即为不合格。为了使产品有较好的市场竞争力,公司设有质量检查部专门负责质量检验,并定期向公司高层领导提交质检报告。质检的内容之一就是每袋容量是否符合要求。

由于产品的数量大,进行全面的检验是不可能的,可行的办法就是抽样,然后用样本数据估计总体平均每袋的容量。质检部从某天生产的一批牛奶中随机抽取了 30 袋,表 6-1 是对每袋牛奶容量的检验结果。

**表 6-1　30 袋牛奶的容量**　　单位:mL

| | | | | |
|---|---|---|---|---|
| 262.5 | 257.5 | 252.0 | 258.4 | 245.3 |
| 252.6 | 253.5 | 247.8 | 253.6 | 256.8 |
| 250.0 | 255.4 | 251.5 | 250.5 | 248.0 |
| 266.6 | 252.8 | 252.0 | 260.6 | 256.7 |
| 270.8 | 256.6 | 258.8 | 252.2 | 263.0 |
| 258.0 | 246.0 | 251.6 | 255.0 | 246.9 |

根据表 6-1 的数据,质检部估计出该天生产的牛奶每袋的平均容量在 252.63 ~ 256.91 mL 之间。其中,估计的可信程度为 95%,估计误差不超过 2.14 mL。产品的合格率在 69.89% ~ 96.77% 之间,估计的可信程度为 95%,估计误差不超过 13.44%。

针对该质检报告,我们不禁有以下疑惑和问题:

①抽取的样本大小是否合适?能不能用一个更大的样本进行估计?②能否将估计的误差再缩小一点?比如,估计平均容量时,估计误差不超过 2 mL,估计合格率时误差不超过 10%。③总体平均容量的方差是多少?因为方差的大小说明了生产过程的稳定性,过大或过小的方差都意味着应对生产过程进行调整。

# 6.1　参数估计的基本原理

## 6.1.1　估计量与估计值

如果能够掌握总体的全部数据，只需做一些简单的统计描述，就可以得到所关心的总体特征，比如，总体均值、方差、比例等。但现实情况比较复杂，有些现象的范围比较广，不可能对总体中的每个单位都进行测定，或者有些总体的个体数很多，不可能也没有必要进行一一测定，这就需要从总体中抽取一部分个体进行调查，进而利用样本提供的信息来推断总体的特征。

参数估计就是用样本统计量去估计总体的参数。比如用样本统计量作为随机变量，用样本均值 $\bar{x}$ 估计总体均值 $\mu$，用样本比例 $p$ 估计总体比例 $P$，用样本方差 $S^2$ 估计总体方差 $\sigma^2$，等等。如果将总体参数笼统地用一个符号 $\theta$ 来表示，将用来估计总体参数的统计量用符号 $\hat{\theta}$ 来表示，参数估计也就是如何用 $\hat{\theta}$ 来估计 $\theta$。

在参数估计中，用来估计总体参数的统计量为估计量，用符号 $\hat{\theta}$ 表示。样本均值、样本比例、样本方差等都可以是一个统计量。而根据一个具体的样本计算出来的估计量的数值称为估计值。比如，要估计某高校大一学生英语考试的平均分数，从中抽取一个随机样本，全体大一学生的平均分数是不知道的，称为参数，用 $\theta$ 表示，根据样本计算出的平均分数 $\bar{x}$ 就是一个估计量，用 $\hat{\theta}$ 表示，假定计算出来的样本平均分数是 80 分，这个 80 分就是统计量的具体数值，称为估计值。

## 6.1.2　点估计与区间估计

参数估计方法有两种：点估计和区间估计。

**1. 点估计**

点估计又称定值估计，它是用实际样本指标值代替总体指标数值，即总体平均数的点估计值就是样本平均数，总体比例的点估计值就是样本比例。

例如，对 2 000 件电子元件进行 5% 的抽样调查，测得样本的平均耐用时间是 $\bar{x}=4\ 670$ 小时，样本合格率达 95%，则全部电子元件的平均寿命是 4 670 小时，合格率是 95%。点估计的方法简单，一般不考虑抽样误差及可靠程度，适用于对推断准确程度与可靠程度要求不高的推断。

**2. 区间估计**

在统计抽样中，区间估计被广泛应用。它是运用样本指标、抽样误差和概率所构造的区间来估计总体指标可能存在的范围。

如前所述，若总体服从正态分布，则样本平均数也服从正态分布。样本均值 $\bar{x}$ 落在总体均值 $\bar{X}$ 的一定范围以内，可以根据样本平均数的标准差来估计样本平均数的离散范围，且离散范围可用一定的概率来表示，即：

$\bar{X}-\sigma_{\bar{x}}\leqslant\bar{x}\leqslant\bar{X}+\sigma_{\bar{x}}$，概率为 68.27%；

$\bar{X}-2\sigma_{\bar{x}}\leqslant\bar{x}\leqslant\bar{X}+2\sigma_{\bar{x}}$，概率为 95.45%；

$\bar{X}-3\sigma_{\bar{x}}\leqslant\bar{x}\leqslant\bar{X}+3\sigma_{\bar{x}}$，概率为 99.73%。

这种关系可用图 6-1 来表示。

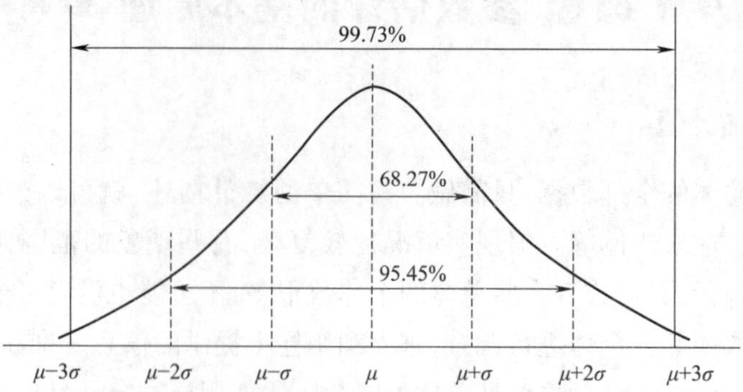


**图 6-1　正态分布图**

由于总体平均数是未知量,所以上述公式可作如下变形:

$\bar{x}-\sigma_{\bar{x}}\leqslant\bar{X}\leqslant\bar{x}+\sigma_{\bar{x}}$,概率为 68.27%;

$\bar{x}-2\sigma_{\bar{x}}\leqslant\bar{X}\leqslant\bar{x}+2\sigma_{\bar{x}}$,概率为 95.45%;

$\bar{x}-3\sigma_{\bar{x}}\leqslant\bar{X}\leqslant\bar{x}+3\sigma_{\bar{x}}$,概率为 99.73%。

变形后的不等式即为用样本平均数去估计总体平均数的区间。用公式表示总体平均数的估计区间如下:

$\bar{x}-t\mu_{\bar{x}}\leqslant\bar{X}\leqslant\bar{x}+t\mu_{\bar{x}}$,有 $F(t)$ 的可信度。

总体比例的区间估计如下:

$p-t\mu_p\leqslant P\leqslant\bar{x}+t\mu_p$,有 $F(t)$ 的可信度。

这里,$F(t)$ 是 $t$ 的正态分布函数,是概率度,二者是一一对应关系,其对应关系可查正态分布概率表。这里摘录几个常用的数据关系,见表 6-2。

**表 6-2　正态分布概率表(部分)**

| $t$ | $F(t)$ | $t$ | $F(t)$ |
|---|---|---|---|
| 1.0 | 0.682 7 | 1.96 | 0.95 |
| 1.5 | 0.866 4 | 2.0 | 0.954 5 |
| 1.645 | 0.900 0 | 3.0 | 0.997 3 |

$t$ 越大,概率保证程度越高,即总体指标在某一区间内的可信程度也越高。

$\mu_{\bar{x}}$、$\mu_p$ 分别为抽样平均数和抽样比例的抽样平均误差。$(\bar{x}\pm t\mu_{\bar{x}})$、$(p\pm t\mu_p)$ 称为置信区间,以衡量总体指标可能存在的范围。

置信区间的大小完全由 $t\mu_{\bar{x}}$ 和 $t\mu_p$ 的大小决定。$t\mu_{\bar{x}}$、$t\mu_p$ 也是估计值的误差范围,称作极限误差。极限误差又称为允许误差,是样本指标与总体指标之间抽样误差的可能范围,记作 $\Delta$,具体分为平均数的极限误差 $\Delta_{\bar{x}}=t\mu_{\bar{x}}$ 和比例的极限误差 $\Delta_p=t\mu_p$。

## 6.2　总体均值的区间估计

总体均值区间估计的计算步骤可总结如下:

第一,抽取样本后,用简单或加权算术平均数的方法计算样本平均数 $\bar{x}$。

第二,搜集总体数量标志方差的经验数据或计算样本数量标志方差 $S^2$ 来代替 $\sigma^2$。

第三，计算抽样平均误差：

$$\mu_{\bar{x}}=\sqrt{\frac{S^2}{n}}=\frac{S}{\sqrt{n}}\text{（重复抽样）}$$

$$\mu_{\bar{x}}=\sqrt{\frac{S^2}{n}\left(1-\frac{n}{N}\right)}\text{（不重复抽样）}$$

一般当抽样比例$\frac{n}{N}\geqslant 5\%$时，采用不重复抽样公式较适宜；当$\frac{n}{N}<5\%$时，采用重复抽样公式较适宜。

第四，根据概率 $F(t)$ 确定 $t$，计算平均数的极限误差 $\Delta_{\bar{x}}=t\mu_{\bar{x}}$。

第五，确定总体平均数的置信区间（$\bar{x}-\Delta_{\bar{x}},\bar{x}+\Delta_{\bar{x}}$）。

下面举例说明均值区间估计问题。

**【例 6-1】**　某高校进行一次英语测试，为了解考试情况随机抽选 1% 的学生进行调查，所得资料见表 6-3。试以 95.45% 的可靠性估计该校学生英语考试的平均成绩。

**表 6-3　学生英语考试成绩**

| 考试成绩（分） | 60 以下 | 60～70 | 70～80 | 80～90 | 90～100 | 合计 |
|---|---|---|---|---|---|---|
| 学生人数 | 10 | 20 | 22 | 40 | 8 | 100 |

（1）计算样本平均数 $\bar{x}$：

$$\bar{x}=\frac{55\times10+65\times20+75\times22+85\times40+95\times8}{100}=76.6\text{（分）}$$

（2）计算样本数量标志方差$S^2$或标准差 $S$：

$$S=\sqrt{\frac{\sum(x_i-\bar{x})^2f}{\sum f-1}}$$

$$=\sqrt{\frac{(55-76.6)^2\times10+(65-76.6)^2\times20+(75-76.6)^2\times22+(85-76.6)^2\times40+(95-76.6)^2\times8}{100-1}}$$

$$=\sqrt{\frac{12\,944}{99}}=11.43$$

（3）计算抽样平均误差，因为$\frac{n}{N}=1\%<5\%$，所以应采用重复抽样公式计算平均误差：

$$\mu_{\bar{x}}=\sqrt{\frac{S^2}{n}}=\frac{S}{\sqrt{n}}=\frac{11.43}{10}=1.143$$

（4）根据概率 $F(t)$ 确定 $t$，计算平均数的极限误差 $\Delta_{\bar{x}}=t\mu_{\bar{x}}$：

因为 $F(t)=95.45\%$，所以 $t=2$，故 $\Delta_{\bar{x}}=t\mu_{\bar{x}}=2\times1.143=2.286$

（5）确定总体平均数的置信区间（$\bar{x}\pm\Delta_{\bar{x}}$）：

$$(\bar{x}-\Delta_{\bar{x}})=76.6-2.286=74.314\approx74.31$$

$$(\bar{x}+\Delta_{\bar{x}})=76.6+2.286=78.886\approx78.89$$

所以该校学生的英语成绩在 95.45% 的概率保证程度下为 74.31～78.89 分。

## 6.3　总体比例的区间估计

总体比例的计算步骤可总结如下：

第一，样本抽取以后计算样本比例 $P=\frac{n_1}{n}$。

第二，用样本是非标志标准差 $p(1-p)$ 或经验数据替代总体是非标志标准差 $P(1-P)$。

第三，计算抽样比例误差：

$$\mu_p=\sqrt{\frac{p(1-p)}{n}}\text{（重复抽样）}$$

$$\mu_p=\sqrt{\frac{p(1-p)}{n}\left(1-\frac{n}{N}\right)}\text{（不重复抽样）}$$

第四，根据概率 $F(t)$ 确定 $t$，计算比例的极限误差 $\Delta_p=t\mu_p$。

第五，确定总体比例 $P$ 的置信区间 $(P-\Delta_p,P+\Delta_p)$。

下面举例说明比例均值区间估计问题。

**【例 6-2】** 某企业对整批共 10 000 个产品进行使用寿命检验，随机抽取 1% 样本进行测试，所得资料见表 6-4。

**表 6-4 产品寿命抽检结果**

| 使用时间（小时） | 抽样产品数 |
| --- | --- |
| 500 以下 | 2 |
| 500 ~ 600 | 3 |
| 600 ~ 700 | 6 |
| 700 ~ 800 | 30 |
| 800 ~ 900 | 40 |
| 900 ~ 1000 | 10 |
| 1000 ~ 1100 | 7 |
| 1100 以上 | 2 |
| 合计 | 100 |

按照该企业质量标准规定，产品使用寿命在 700 小时以上者为合格品，试以 95% 的可靠性估计，整批产品使用寿命在 700 小时以上所占的比重。

（1）计算样本比例 $P=\frac{n_1}{n}$：

由题意得，总体容量 $N=10\ 000$，样本容量 $n=100$，合格产品有 $n_1=30+40+10+7+2=89$（个），$P=n_1/n=89/100=89\%$。

（2）计算样本是非标志标准差 $p(1-p)$：

$$p(1-p)=89\%\times11\%=9.79\%$$

（3）计算抽样比例平均误差，因为 $n/N=100/10\ 000=1\%<5\%$，采用重复抽样公式：

$$\mu_p=\sqrt{\frac{p(1-p)}{n}}=\sqrt{\frac{89\%\ (1-89\%\ )}{100}}=3.13\%$$

（4）根据概率 $F(t)$ 确定 $t$，计算比例的极限误差 $\Delta_p=t\mu_p$：

因为 $F(t)=95\%$，所以 $t=1.96$，故 $\Delta_p=t\mu_p=1.96\times3.13\%=6.13\%$。

（5）确定总体比例 $P$ 的置信区间 $(P-\Delta_p,P+\Delta_p)$：

$$P-\Delta_p=89\%-6.13\%=82.87\%$$

$$P+\Delta_p=89\%+6.13\%=95.13\%$$

所以整批产品使用寿命在 700 小时以上所占的比重在 95% 概率保证下为 82.87% ~95.13%。

## 6.4 样本量的确定

样本容量的大小决定了参数估计的准确性,所以样本容量的确定是抽样方案设计的重要内容。抽样精度和可靠程度的要求不同、抽样方法不同等,都会影响样本容量的大小。通常采用简单随机抽样时,样本容量的确定公式如下:

**1. 重复抽样情况下**

(1)估计总体均值时样本容量 $n$:

$$n_{重}=\frac{t^2S^2}{\Delta^2}$$

式中,$\Delta$ 为极限误差,即估计总体均值时允许存在的最大误差;$t$ 为概率度;$S$ 为样本标准差。

(2)估计总体比例时样本容量 $n$:

$$n_{重}=\frac{t^2p(1-p)}{\Delta^2}$$

式中,$\Delta$ 为极限误差,即估计总体比例时允许存在的最大误差;$t$ 为概率度;$p$ 为样本比例。

**2. 不重复抽样情况下**

估计总体均值和总体比例时,样本容量的计算公式为:

$$n_{不重}=\frac{n_{重}}{1+\dfrac{n_{重}}{N}}$$

式中,$n_{重}$ 为重复抽样情况下计算得到的样本容量;$N$ 为总体容量。

**【例 6-3】** 某企业月销售额标准差大约为 20 万元,假定想要估计销售额 95% 的置信区间,允许的估计误差不超过 4 万元,重复抽样时,应抽取多大的样本量?

**【解】** 已知 $S=20,\Delta=4,t=1.96$,由估计总体均值时样本容量 $n$ 的计算公式得:

$$n_{重}=\frac{t^2S^2}{\Delta^2}=\frac{1.96^2\times20^2}{4^2}=96.06\approx97(\text{向上取整})$$

则应抽取 97 个月的销售额作为样本。

**【例 6-4】** 为了检查某企业生产的 1 000 个摄像头的合格率,需要确定样本容量。根据以往的经验,合格率约为 90%,现要求允许误差为 5%,求在 95% 的置信区间时,采用重复抽样和不重复抽样分别应抽取多少个产品作为样本?

**【解】** 已知 $p=90\%$ ,$\Delta=5\%,t=1.96$,由估计总体比例时,样本容量 $n$ 的计算公式得

$$n_{重}=\frac{t^2p(1-p)}{\Delta^2}=\frac{1.96^2\times90\%\times(1-90\%)}{5\%^2}$$

$$=138.3\approx139(\text{向上取整})$$

$$n_{不重}=\frac{n_{重}}{1+\dfrac{n_{重}}{N}}=\frac{139}{1+\dfrac{139}{1\,000}}=122.04\approx123(\text{向上取整})$$

从计算的结果可以看出,重复抽样应该抽取 139 件检验,而不重复抽样应该抽取 123 件,可见,在相同条件下,重复抽样需要的样本容量更大。

# 习 题

## 一、选择题

1. 用样本估计量的值直接作为总体参数的估计值,这一估计方法称为(　　)。

A. 点估计　B. 区间估计　C. 无偏估计　D. 有效估计

2. 在点估计的基础上给出总体参数的一个估计范围,这一估计方法称为(　　)。

A. 点估计　B. 区间估计　C. 无偏估计　D. 有效估计

3. 在其他条件不变的情况下,置信水平越大,估计时所需的样本容量(　　)。

A. 越大　B. 越小

C. 可能大,也可能小　D. 不变

4. 在其他条件不变的情况下,总体数据的方差越大,估计时所需的样本容量(　　)。

A. 越大　B. 越小

C. 可能大,也可能小　D. 不变

5. 根据某地区关于工人工资的样本资料,估计出的该地区工人平均工资的95%的置信区间为[700,1 500],则下列说法最准确的是(　　)。

A. 该地区平均工资有95%的可能性落入该置信区间

B. 该地区只有5%的可能性落到该置信区间之外

C. 该置信区间有95%的概率包含该地区的平均工资

D. 该置信区间的误差不会超过5%

6. 假定一个拥有一亿人口的大国和百万人口的小国居民年龄变异程度相同,现在各自用重复抽样方法抽取本国的1%人口计算平均年龄,则平均年龄抽样平均误差(　　)。

A. 不能确定　B. 两者相等　C. 前者比后者大　D. 前者比后者小

## 二、判断题

1. 抽样推断是利用全体中的一部分进行推断,就不可避免地会出现误差。(　　)

2. 影响抽样误差大小的因素是抽样单位数目的多少,与总体被研究标志变异程度大小无关。(　　)

3. 不知道总体方差或标准差时无法计算抽样误差。(　　)

4. 在抽样推断中,作为推断对象的总体和作为观察对象的样本都是确定的、唯一的。(　　)

## 三、计算题

1. 某居民小区共有居民500户,小区管理者准备采取一项新的供水设备,想了解居民是否赞成。采取重复抽样方法随机抽取了50户,其中有32户赞成,18户反对。

要求:①求总体中赞成该项改革的户数比率的置信区间,置信水平为95%;②如预计赞成的比率能达到80%,现要求允许误差为5%,求在95%的置信区间时,应抽取多少户进行调查?

2. 某农场进行小麦产量的抽样调查,该农场小麦播种面积为10 000亩,采用不重复的简单随机抽样从中选100亩作为样本,进行实割实测,得到样本的平均亩产量为400千克,样本标准差为12千克。

要求:①计算抽样平均误差;②若以概率95.45%的可靠性进行估计,则该农场10 000亩小麦的平均亩产量的可能范围为多少?(当 $F(t)=95.45\%, t=2$)

# 第7章 假设检验

## 案例导读

小华家里有一袋豆子,袋子里有红豆,也有黑豆,小明想知道红豆和黑豆是不是一样多。小明从袋子里抓了一把豆子,看看这把豆子是红豆多还是黑豆多。他想用这把豆子作为样本,去推断这袋豆子。既然是用样本推断总体,就有抽样误差的可能性。不管袋子里红豆多还是黑豆多,这一豆子都不一定能真实反映这袋豆子,那怎么办呢?这就要用到假设检验了。

描述统计和推断统计构成了统计学的内容。参数估计和假设检验是推断统计的重要内容,两者不同之处在于:假设检验是对总体参数提出一个假设,然后利用样本信息验证假设是否成立;参数估计是利用样本信息推断未知的总体参数。

本章首先介绍假设检验的基本原理,然后分别介绍单总体参数的假设检验和两总体参数的假设检验。通过本章教学掌握并运用假设检验的基本方法,能够对总体均值和总体比例进行假设检验。

## 7.1 假设检验的基本原理

假设检验就是在对总体某参数提出假设的基础上,根据样本信息来判断假设是否成立的统计方法。简单来说,假设检验的步骤为:①对总体提出假设;②抽取样本获得数据;③对样本数据进行分析;④判断假设是否成立。

例如:我们不知道全校学生每月网购支出的均值是多少,可以做出的假设是全校学生每月网购支出的均值是500元;随后从全体学生中抽取一个样本,分析样本信息来对全校学生每月网购支出的均值是不是500元进行检验。

### 7.1.1 假设检验的应用条件

任何一种统计分析方法都有其应用的条件,若不满足它的应用条件,就可能得出错误的结论。推断统计最基本的应用条件是抽样必须是随机的,只有随机样本的统计结果才能用来推论总体。

### 7.1.2 假设的分类

**1. 原假设和备择假设**

假设检验中需要提出两种假设,即原假设($H_0$)和备择假设($H_1$)。原假设和备择假设中必定有且只有一个是成立的,二者对立。接受 $H_0$,则必须拒绝 $H_1$;反之,拒绝 $H_0$,则必须接受 $H_1$。

原假设和备择假设不是随意提出的,应根据所检验问题的具体背景而定。常常是采取“不轻易拒绝原假设”的原则,即把没有充分理由不能轻易否定的命题作为原假设,而相应地把没有足够把握就不能轻易肯定的命题作为备择假设。

例如:某企业生产某种绝缘材料,规定其击穿平均电压为 1 200 V 以上。有关研究人员要通过抽检其中一批产品来验证该规定的内容是否属实,可以把企业规定的内容看作原有的、传统的观点,因而:

$$H_0:\mu \geqslant 1\ 200\ \text{V}$$
$$H_1:\mu < 1\ 200\ \text{V}$$

**2. 双侧检验和单侧检验**

1)双侧检验

双侧检验的目的是检验总体特征值是否等于某个值,这种情况下,拒绝域在统计量分布的两侧,如图 7-1 所示。

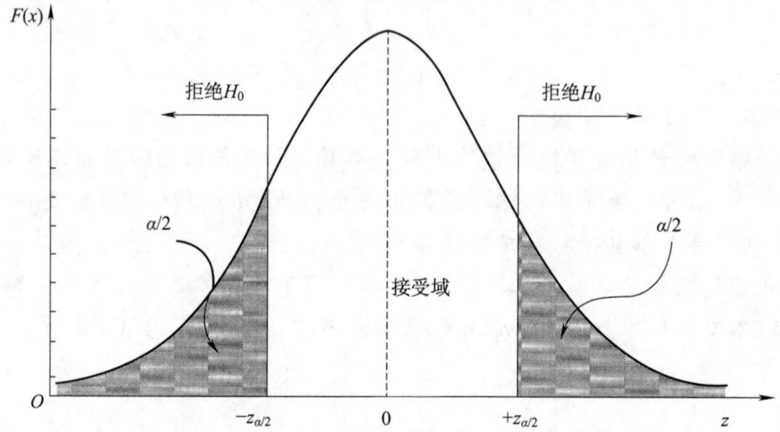


**图 7-1 双侧检验**

2)单侧检验

如果假设检验不是检验总体特征值是否等于某个值,而是检验总体特征值是否大于或小于某个值,这种检验就是单侧检验。单侧检验又可分为左侧检验和右侧检验。

(1)左侧检验。如果检验的目的是检验总体特征值是否小于某个值,这种检验就是左侧检验,如图 7-2 所示。如果统计量小于临界值,则拒绝原假设。

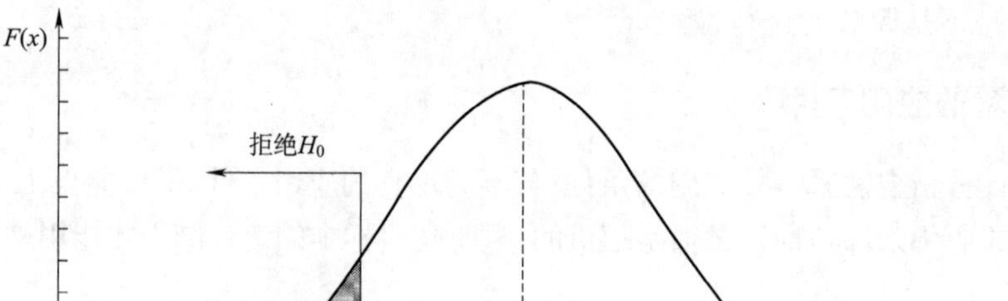


**图 7-2 左侧检验**

(2)右侧检验。如果检验的目的是检验总体特征值是否大于某个值,这种检验就是右侧检验,如图 7-3 所示。如果统计量大于临界值,则拒绝原假设。

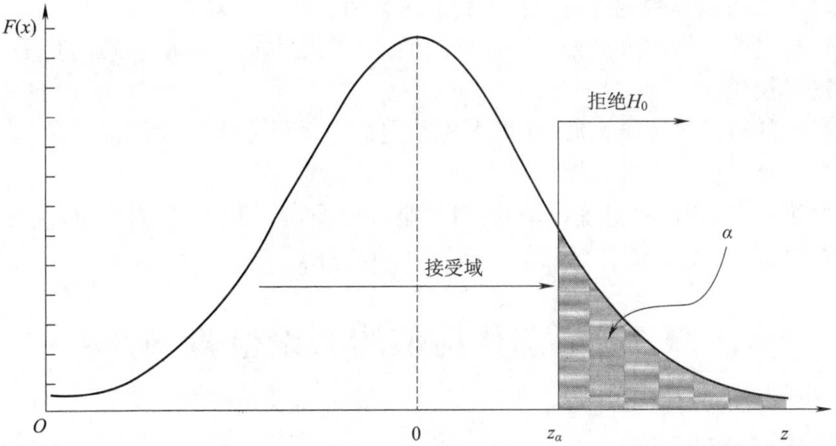


**图 7-3 右侧检验**

左侧检验和右侧检验统称为单侧检验,如果原假设的方向为“ > ”或者“ ≥ ”,称为右侧检验;如果原假设的方向为“ < ”或者“ ≤ ”,称为左侧检验。

**3. 假设检验的两类错误**

假设检验的原理是用样本的信息做出分析判断,样本是从总体中随机抽取的,因此根据样本信息可能会做出错误的判断。假设检验可能发生两类错误,即第Ⅰ类错误和第Ⅱ类错误。第Ⅰ类错误:原假设是成立的,检验结果是拒绝原假设,这是一种错误的决策,属于“弃真错误”,犯第Ⅰ类错误的概率通常记为 $\alpha$;第Ⅱ类错误:原假设是不成立的,检验结果是接受原假设,这又是一种错误的决策,它属于“存伪错误”,犯第Ⅱ类错误的概率通常记为 $\beta$。两类错误的比较见表 7-1。

**表 7-1 两类错误的比较**

| 决 策 | 状 态 | |
|---|---|---|
| | 原假设为真 | 原假设为假 |
| 接受原假设 | 决断正确 | 第Ⅱ类错误 |
| 拒绝原假设 | 第Ⅰ类错误 | 决断正确 |

允许犯第Ⅰ类错误的概率 $\alpha$ 称为显著性水平。“显著的”一词的意义在这里并不是“重要的”,而是指“不是偶然的”。在假设检验中,如果样本提供的信息是拒绝原假设,我们说检验的结果是显著的,表示样本结果并不是偶然得到的;接受原假设则说检验的结果是不显著的,表示样本的结果只是偶然得到的。常用的显著性水平有 $\alpha=0.01$,$\alpha=0.05$,$\alpha=0.1$。

**4. 假设检验的步骤**

假设检验的一般步骤如下:

1)提出原假设和备择假设

例如:某高校发现该校学生每月生活费支出为 1 600 元,为了验证该情况是否真实,抽取样本对数据进行收集和分析。那么,此时的原假设和备择假设:

$$H_0:\mu=1\,600\text{ 元}$$

$$H_1:\mu\neq1\,600\text{ 元}$$

2)确定显著性水平及样本容量

提出假设后,调查人员根据实际情况确定显著性水平 $\alpha=0.05$,样本容量为 $n=200$。

3)抽取样本获得样本数据并计算样本检验统计量

检验统计量是根据样本观测结果计算得到的,用于假设检验决策的统计量。

4)做出统计决策

在得到样本的检验统计量之后,根据事先给定的显著性水平 $\alpha$,可以在统计量分布上找到相应的临界值。临界值是由显著性水平决定的,是拒绝域的边界值。

具体的决策:①双侧检验:|统计量的值| > 临界值,拒绝 $H_0$;②左侧检验:统计量的值 < 临界值,拒绝 $H_0$;③右侧检验:统计量的值 > 临界值,拒绝 $H_0$。

## 7.2 总体均值的假设检验

### 7.2.1 单总体均值的检验

**1. 总体方差已知、大样本($n \geqslant 30$)的情况下**

当总体服从均值为 $\mu$、方差为 $\sigma^2$ 的正态分布,即样本均值 $\bar{x} \sim N(\mu, \sigma^2)$。若对样本均值进行标准化,对应的统计量为 $z=\dfrac{\bar{x}-\mu}{\sigma/\sqrt{n}} \sim N(0,1)$。$z$ 的值表示观测到的样本均值与假设的总体均值之间相差多少个标准差的距离。

**【例 7-1】** 某企业生产某种绝缘材料,规定其击穿平均电压为 1 200 V 以上。有关研究人员要通过抽检其中一批产品来验证该规定的内容是否属实。相关研究人员从某种绝缘材料中随机抽取 200 件,对其击穿电压进行检验,发现测量的平均值为 1 198 V。已知总体方差为 25,判断在 0.05 的显著性水平下,该绝缘材料所规定的击穿平均电压是否可信。

**【解】** (1)提出原假设和备择假设:

$$H_0: \mu \geqslant 1\,200\ \text{V}$$

$$H_1: \mu < 1\,200\ \text{V}$$

(2)确定显著性水平及样本容量:

提出假设后,研究人员确定显著性水平 $\alpha=0.05$,样本容量为 $n=200$。

(3)抽取样本获得样本数据并计算样本检验统计量:

样本的平均值为 1 198 V,总体方差已知、大样本($n \geqslant 30$)的情况下,检验统计量为 $z=\dfrac{\bar{x}-\mu}{\sigma/\sqrt{n}}=\dfrac{1\,198-1\,200}{5/\sqrt{200}}=-5.657$。由于原假设中含有"≥",所以采取左侧检验。

(4)做出统计决策。根据事先给定的显著性水平 $\alpha=0.05$,通过查标准正态分布表得 $-z_{0.05}=-1.645$。由于 $-z_{0.05}>z$,所以拒绝原假设,证明企业规定的内容不可信。

**2. 总体方差未知、小样本($n<30$)的情况下**

设总体服从正态分布 $\bar{x} \sim N(\mu, \sigma^2)$,但总体标准差 $\sigma$ 未知,需要利用样本的标准差代替总体的标准差。则样本均值将服从自由度为 $n-1$ 的 $t$ 分布。此时,检验统计量为:

$$t=\frac{\bar{x}-\mu}{s/\sqrt{n}}$$

【例 7-2】　某自行车配件的平均宽度要求为 12 cm,高于或低于该标准均被认为是不合格的。自行车生产企业在购进配件时,需要对供货商提供的样品进行检验,以决定是否购进。现对一个配件供货商提供的 10 个样本进行了检验,其长度见表 7-2。

表 7-2　10 个样本检验数据　　单位:cm

| 序号 | 1 | 2 | 3 | 4 | 5 | 6 | 7 | 8 | 9 | 10 |
|---|---|---|---|---|---|---|---|---|---|---|
| 宽度 | 12.2 | 10.8 | 12.0 | 11.8 | 11.9 | 12.2 | 12.1 | 12.0 | 12.3 | 12.0 |

假定该供货商生产的配件宽度服从正态分布,在 0.05 的显著性水平下,检验该供货商提供的配件是否符合要求:

【解】　(1)提出原假设和备择假设:

$$H_0:\mu = 12\ \text{cm}$$

$$H_1:\mu \neq 12\ \text{cm}$$

(2)确定显著性水平及样本容量:

提出假设后,研究人员确定显著性水平 $\alpha = 0.05$,样本容量为 $n = 10$(小样本)。

(3)抽取样本获得样本数据并计算样本检验统计量:

样本的平均值为 11.93 cm,样本标准差 0.447 4,总体方差未知、小样本的情况下,样本均值将服从自由度为 9(10 − 1)的 $t$ 分布,检验统计量为 $t = \frac{\bar{x} - \mu}{s/\sqrt{n}} = \frac{11.93 - 12}{0.447\,4/\sqrt{10}} = -0.494\,8$。由于原假设中含有"＝",所以采取双侧检验。

(4)做出统计决策。根据事先给定的显著性水平 $\alpha = 0.05$,通过查表得 $t_{\alpha/2} = t_{0.025} = 2.262\,2$。由于 $t_{0.025} > |t|$,所以接受原假设,证明供货商提供的配件符合要求。

### 7.2.2　单总体比例的检验

总体比例是指总体中具有某种标志的个体所占的比值,单总体比例的检验与均值的检验方法基本相同。由于实践中较少对总体比例进行小样本检验,因此本章只考虑大样本情形下的总体比例的检验。

在大样本情况下,对应的统计量为 $z = \frac{p - \pi}{\sqrt{\pi(1 - \pi)/n}} \sim N(0,1)$。$z$ 的值表示观测到的样本比例 $p$ 与假设的总体比例 $\pi$ 之间相差多少个标准差的距离。

【例 7-3】　某培训机构在广告中对培训效果进行宣传,在该培训机构坚持一个月的学习,有 70% 以上的学生成绩提高超过 5 分。相关的研究人员为了验证宣传的真实性,在培训机构中随机抽取了 100 名学生进行数据收集,发现有 67 名学生的成绩提高超过 5 分。在 0.05 的显著性水平下,检验在该培训机构坚持一个月的学习,是否有 70% 以上的学生成绩提高超过 5 分。

【解】　(1)提出原假设和备择假设:

$$H_0:\pi \geqslant 70\%$$

$$H_1:\pi < 70\%$$

(2)确定显著性水平及样本容量。提出假设后,研究人员确定显著性水平 $\alpha = 0.05$,样本容量为 $n = 100$。

(3)抽取样本获得样本数据并计算样本检验统计量：

样本的比例 $p=67\%$，检验统计量为 $z=\dfrac{p-\pi}{\sqrt{\pi(1-\pi)/n}}=\dfrac{67\%-70\%}{\sqrt{70\%(1-70\%)/100}}=-0.6547$。由于原假设中含有“≥”，所以采取左侧检验。

(4)做出统计决策。根据事先给定的显著性水平 $\alpha=0.05$，通过查标准正态表得 $-z_{0.05}=-1.645$。由于 $-z_{0.05}<z$，所以接受原假设，证明在该培训机构坚持一个月的学习，有70%以上的学生成绩提高超过5分。

## 习　　题

### 一、选择题

1. 假设检验中，显著性水平 $\alpha$ 表示(　　)。
   A. $H_0$ 为真时接受 $H_0$ 的概率　　B. $H_0$ 为真时拒绝 $H_0$ 的概率
   C. $H_0$ 不真时接受 $H_0$ 的概率　　D. $H_0$ 不真时拒绝 $H_0$ 的概率
2. 假设检验中，第Ⅱ类错误的概率表示(　　)。
   A. $H_0$ 为真时接受 $H_0$ 的概率　　B. $H_0$ 为真时拒绝 $H_0$ 的概率
   C. $H_0$ 不真时接受 $H_0$ 的概率　　D. $H_0$ 不真时拒绝 $H_0$ 的概率
3. 适用 $t$ 检验统计量的场合(　　)。
   A. 样本为大样本，且总体方差已知　　B. 样本为小样本，且总体方差已知
   C. 样本为小样本，且总体方差未知　　D. 样本为大样本，且总体方差未知
4. 在假设检验中，原假设与备择假设(　　)。
   A. 都有可能被接受
   B. 都有可能不被接受
   C. 只有一个被接受而且必有一个被接受
   D. 原假设一定被接受，备择假设不一定被接受
5. 对总体参数提出某种假设，然后利用样本信息判断假设是否成立的过程称为(　　)。
   A. 假设检验　　B. 参数估计　　C. 双边检验　　D. 单边检验

### 二、判断题

1. 在假设检验中，若拒绝原假设就说明原假设一定是错误的。(　　)
2. 单(当)正态总体方差已知情况下的均值检验应使用 $z$ 检验。(　　)
3. 在假设检验中，原假设正确但却被拒绝，这种错误称为第Ⅱ类错误。(　　)
4. 犯第Ⅰ类错误的概率 $\alpha$，叫作统计检验的显著性水平。(　　)
5. 如需要检验“大学生每月生活费是否高于1 500元”，通常应进行右侧检验。(　　)

### 三、计算题

设某食品公司的质量管理部门规定，某种包装食品净重不得少于20 kg，经验表明重量服从标准差为1.54 g的正态分布，假定从一个由100包食品构成的随机样本中得到的平均重量为19.5 kg。有无充分证据说明这些包装食品的平均重量符合质量管理部门的规定？($\alpha=0.05$)

# 第8章 时间序列

## 案例导读

桂林市是中国首批国家历史文化名城、中国优秀旅游城市，享誉世界。其境内的山水风光举世闻名，千百年来享有“桂林山水甲天下”的美誉。若想了解桂林市未来经济发展状况，可以选取桂林市2001—2021年国内生产总值(GDP)的年度数据，并以此为依据建立预测模型，对2022年和2023年国内生产总值作出预测。国内生产总值是指一个国家或地区所有常住单位在一定时期内生产活动的最终成果，是反映国民经济活动最重要的经济指标之一，科学地预测该指标，对制定经济发展目标以及与之相配套的方针政策具有重要的理论与实际意义。

统计不仅要从静态角度分析社会经济现象的数量特征，而且要从动态角度分析社会经济现象的数量特征。现实生活中，人们经常会关心未来发生的事情。比如：消费者会关心未来房价会不会变化，企业会关心未来产值是否能达到预期，农户会关心未来农产品的价格变化等。本章将介绍时间序列的定义和时间序列预测。

## 8.1 时间序列的定义

所谓时间序列，也称为动态数列或时间数列，是指将表明社会现象在不同时间发展变化的某种指标数值，按时间先后顺序排列而形成的数列。例如，将2011—2020年某企业年末职工人数依年份远近排列形成的数列就是时间序列，如表8-1所示。

**表8-1 2011—2020年某企业年末职工人数** 单位：万人

| 年份 | 2011 | 2012 | 2013 | 2014 | 2015 | 2016 | 2017 | 2018 | 2019 | 2020 |
|---|---|---|---|---|---|---|---|---|---|---|
| 人数 | 12.2 | 10.8 | 12.0 | 11.8 | 11.9 | 12.2 | 12.1 | 12.0 | 12.3 | 12.0 |

时间数列由两个基本要素构成：一个是资料所属的时间，另一个是统计指标数值。通常用$t$来表示时间序号，用$y$表示变量值，也称为时间数列发展水平。

## 8.2 时间数列指标

### 8.2.1 时间数列的水平指标

时间数列指标包括两大类，即水平指标和速度指标。时间数列的水平指标有发展水平、平均发展水平、增长量和平均增长量四种;时间数列的速度指标有发展速度、增长速度、平均发展速度、平均增长速度四种。本节主要介绍四种水平指标。

**1. 发展水平**

发展水平是指时间数列中的每一项具体指标值。它反映现象在某一时间上所达到的一种数量状态,是整个动态分析研究的基础指标。发展水平通常是总量,如国内生产总值、营业额等;也可以是相对指标,如产品的计划完成程度;或者是平均指标,如平均工资。按发展水平在数列 $a_0,a_1,a_2,\cdots,a_{n-1},a_n$ 中的位置分为最初水平、中间水平和最末水平,如表 8-2 所示。

**表 8-2　某超市 1~6 月销售额**　　单位:万元

| 月份 | 1 | 2 | 3 | 4 | 5 | 6 |
|---|---|---|---|---|---|---|
| 销售额 | 260 | 360 | 240 | 220 | 190 | 200 |
| 符号 | $a_0$ | $a_1$ | $a_2$ | $a_3$ | $a_4$ | $a_5$ |
| 发展水平 | 最初水平 | 中间水平 | | | | 最末水平 |

按发展水平在动态对比中所起的作用,分为报告期水平和基期水平。在动态分析中,通常将所研究和反映的那个时间上的发展水平称为报告期水平,将用作比较基础的那个时间上的发展水平称为基期水平。如表 8-2 中 6 月的销售额与 3 月的销售额对比,则 6 月的销售额 200 万元为报告期水平,3 月的销售额 240 万元为基期水平。

**2. 平均发展水平**

平均发展水平是通过对不同时间上的指标数值求平均数而得到的。因是不同时间的、动态上的平均,故又叫作序时平均数或动态平均数。下面介绍不同类型的绝对数时间数列如何计算平均发展水平。

1)时期数列的平均发展水平

因各时期数值具有可加性,可采用简单算术平均法计算。

$$\bar{a}=\frac{a_1+a_2+\cdots+a_n}{n}=\frac{\sum a}{n}$$

式中:$\bar{a}$ 为序时平均数,$a_n$ 为各期发展水平,$n$ 为时间数列的个数。

**【例 8-1】** 根据表 8-2 中超市 1~6 月销售额时间数列,计算月平均销售额。

**【解】** 由于销售额是时期指标,因此计算月平均销售额可采用简单算术平均来计算。

$$\bar{a}=\frac{a_1+a_2+\cdots+a_n}{n}=\frac{260+360+240+220+190+200}{6}=245(\text{万元})$$

2)时点数列的平均发展水平

时点数列中的数值都是瞬间资料,在两个时点之间有一定间隔。时点数列有连续时点数列和间断时点数列之分,又有间隔相等与间隔不等之别,其序时平均数的计算方法不同。

(1)间隔相等的连续时点数列计算平均发展水平

间隔相等的连续时点数列的资料是逐日登记的,如已知每天的顾客流量资料,求平均每天的顾客流量。时点数可看作时期长度只有一天的"时期数"(因为每个时点数可以代表当天的情况),因此可以采用简单算术平均法计算。

【例 8-2】　某商场一月上旬顾客流量的资料如表 8-3 所示。

**表 8-3　某商场一月上旬顾客流量统计表**

| 日期 | 顾客流量(人) | 日期 | 顾客流量(人) |
|---|---|---|---|
| 1 日 | 200 | 6 日 | 205 |
| 2 日 | 198 | 7 日 | 205 |
| 3 日 | 198 | 8 日 | 105 |
| 4 日 | 198 | 9 日 | 108 |
| 5 日 | 205 | 10 日 | 108 |

一月上旬日平均顾客流量为：

$$\bar{a}=\frac{200+198+198+198+205+205+205+105+108+108}{10}=173(\text{人})$$

(2)间隔不等的连续时点数列计算平均发展水平。

有些现象不用每日登记,只需要在发生变化时记录即可,例如,单位的人事变动资料。此时,资料经过整理,形成频数分布,即存在若干天指标数值相同,需要以指标数值为变量、以持续天数为权数,采用加权算术平均法计算。

【例 8-3】　某企业一月上旬职工出勤的资料如表 8-4 所示。

**表 8-4　某企业一月上旬职工出勤表**

| 日期 | 出勤人数(人) | 日期 | 出勤人数(人) |
|---|---|---|---|
| 1 日 | 100 | 6 日 | 102 |
| 2 日 | 98 | 7 日 | 102 |
| 3 日 | 98 | 8 日 | 105 |
| 4 日 | 98 | 9 日 | 107 |
| 5 日 | 102 | 10 日 | 107 |

一月上旬日平均出勤人数为：

$$\bar{a}=\frac{100\times1+98\times3+102\times3+105\times1+107\times2}{10}=101.9(\text{人})$$

(3)间隔相等的不连续时点数列计算平均发展水平。

在统计工作实践中,对各种现象在各个时点上的变动都进行登记是有很多困难的。为了简化统计工作,往往每隔一定时间进行一次登记。这时可以假定现象在相邻两个时点之间的发展变动是均匀的。首先以每一小段的中间值代表该小段的平均水平,然后将各小段的平均水平再用简单算术平均法计算,得到整个被研究时期的平均发展水平。该方法称为“首尾折半法”。

$$\bar{a}=\frac{\frac{a_1+a_2}{2}+\frac{a_2+a_3}{2}+\cdots+\frac{a_{n-1}+a_n}{2}}{n-1}$$

$$=\frac{\frac{a_1}{2}+a_2+\cdots+a_{n-1}+\frac{a_n}{2}}{n-1}$$

【例 8-4】　某公司 2020 年第一季度员工人数资料如表 8-5 所示,试计算该公司第一季度平均员工人数。

表 8-5　某企业 2020 年第一季度员工人数统计表

| 时间 | 1月1日 | 2月1日 | 3月1日 | 4月1日 |
|---|---|---|---|---|
| 员工人数(人) | 100 | 120 | 115 | 125 |

**【解】**　第一季度包括1月、2月和3月,要求该季平均人数,则应先按月求出各月的平均人数,然后再对各月平均人数进行平均,即为该公司第一季度平均人数。

$$\bar{a}=\frac{\frac{100}{2}+120+115+\frac{125}{2}}{4-1}=115.8(\text{人})$$

(4)间隔不相等的不连续时点数列计算平均发展水平。

如果掌握的是时间间隔不相等的不连续时点资料,需用不同的时点间隔长度作权数,用加权算术平均数计算平均发展水平,其计算公式为:

$$\bar{a}=\frac{\frac{a_1+a_2}{2}f_1+\frac{a_2+a_3}{2}f_2+\cdots+\frac{a_{n-1}+a_n}{2}f_{n-1}}{\sum_{i=0}^{n-1}f_i}$$

式中:$f$ 为各时点的间隔长度。

**【例 8-5】**　某公司 2020 年度员工人数资料如表 8-6 所示,试计算该公司 2020 年各月员工平均人数。

表 8-6　某企业 2020 年第一季度员工人数统计表

| 时间 | 1月1日 | 5月1日 | 8月1日 | 11月30日 | 12月31日 |
|---|---|---|---|---|---|
| 员工人数(人) | 400 | 420 | 426 | 432 | 440 |

**【解】**

$$\bar{a}=\frac{\frac{400+420}{2}\times4+\frac{420+426}{2}\times3+\frac{426+432}{2}\times4+\frac{432+440}{2}\times1}{4+3+4+1}=\frac{5\ 061}{12}=421.8(\text{人})$$

**3. 增长量**

增长量又称为增减量,是时间数列中报告期水平与基期水平之差,它说明社会经济现象在一定时期内增减变化的绝对量。增长量 = 报告期水平 − 基期水平。由于采用的基期不同,增长量可以分为逐期增长量和累计增长量两种。逐期增长量是报告期与前一期水平之差,累计增长量是报告期与某一固定基期(通常为最初水平)之差。

逐期增长量与累计增长量之间存在如下运算关系:

(1)逐期增长量之和等于累计增长量,即:

$$(a_1-a_0)+(a_2-a_1)+\cdots+(a_n-a_{n-1})=a_n-a_0$$

(2)两个相邻的累计增长量之差等于逐期增长量,即:

$$(a_i-a_0)-(a_{i-1}-a_0)=a_i-a_{i-1}$$

**4. 平均增长量**

平均增长量是时间数列中逐期增长量的序时平均数,表明现象在一定时段内平均每期增加(减少)的绝对量。计算公式为:

$$平均增长量=\frac{(a_1-a_0)+(a_2-a_1)+\cdots+(a_n-a_{n-1})}{n}$$

式中,$n$ 为逐期增长量的个数。

**【例 8-6】** 某地区 2015—2020 年的工业总产值资料如表 8-7 所示,试计算该地区工业总产值的年平均增长量。

**表 8-7　某地区 2015—2020 年的工业总产值资料表**

| 年份 | 2015 | 2016 | 2017 | 2018 | 2019 |
|---|---|---|---|---|---|
| 工业总产值(亿元) | 2 | 5 | 8 | 6 | 7 |

**【解】**

$$平均增长量=\frac{(a_1-a_0)+(a_2-a_1)+\cdots+(a_n-a_{n-1})}{n}=\frac{7-2}{4}=1.25(亿元)$$

### 8.2.2　时间数列的速度指标

时间数列的速度指标主要有发展速度、增长速度、平均发展速度、平均增长速度。这些指标之间有着密切的关系,其中发展速度是最基本的指标。根据比较的时期的不同,它可以分为定基发展速度和环比发展速度。

**1. 发展速度**

发展速度是报告期发展水平与基期发展水平之比。其计算公式为:

发展速度 = 报告期水平/基期水平

发展速度是动态相对数,可用%、倍数表示。比值 >100%(或 1),表明现象在增长;比值 <100%(或 1),表明现象在下降。比值 =100%(或 1),表明现象两期持平。

1)定基发展速度

定基发展速度是报告期与某一固定的基期水平之比。用符号表示为:

$$定基发展速度:\frac{a_i}{a_0}(i=1,2,3,\cdots,n-1,n)$$

2)环比发展速度

环比发展速度是各期水平和上一期水平之比。用符号表示为:

$$环比发展速度:\frac{a_i}{a_{i-1}}(i=1,2,3,\cdots,n-1,n)$$

定基发展速度与环比发展速度有积、商关系:

(1)各环比发展速度的连乘积等于定基发展速度。即:

$$\frac{a_1}{a_0}\times\frac{a_2}{a_1}\cdots\cdots\times\frac{a_n}{a_{n-1}}=\frac{a_n}{a_0}$$

(2)两个相邻时期定基发展速度之商等于相应的环比发展速度。即:

$$\frac{a_n}{a_0}\div\frac{a_{n-1}}{a_0}=\frac{a_n}{a_{n-1}}$$

**2. 增长速度**

增长速度也称增减速度,它是增长量与基期发展水平之比。其基本计算公式为:

$$增长速度=\frac{增长量}{基期水平}=\frac{报告期水平-基期水平}{基期水平}=发展速度-1$$

当发展速度大于 1 时,增长速度为正值,表示现象的增长程度;当发展速度小于 1 时,增长速度为负值,表示现象的降低程度。

**3. 平均发展速度**

平均发展速度是各期环比发展速度的序时平均数,反映社会经济现象在一个较长的时间内逐期平均发展变化的平均程度。实际统计工作中,通常用几何法来计算平均发展速度。

平均发展速度是总速度的平均,且各环比发展速度的连乘积等于总速度,因此,计算平均发展速度时要用几何平均法计算。其计算公式为:

$$\bar{x}_G = \sqrt[n]{\frac{a_1}{a_0} \times \frac{a_2}{a_1} \cdots \times \frac{a_n}{a_{n-1}}} = \sqrt[n]{\frac{a_n}{a_0}}$$

式中:$\bar{x}_G$ 为平均发展速度;$n$ 为环比发展速度的项数。

**【例 8-7】** 某地区 2015—2020 年各年生产总值的环比发展速度分别为 118%,120%,117%,115%,111%,105%,求年平均发展速度。

**【解】**

$$\bar{x}_G = \sqrt[n]{\frac{a_1}{a_0} \times \frac{a_2}{a_1} \cdots \times \frac{a_n}{a_{n-1}}} = \sqrt[6]{118\% \times 120\% \times 117\% \times 115\% \times 111\% \times 105\%} = 114.22\%$$

**4. 平均增长速度**

平均增长速度说明客观现象在一个较长的时间内逐年平均增长变化的程度。平均增长速度和平均发展速度的关系是:

$$\text{平均增长速度} = \text{平均发展速度} - 1$$

但在实际工作中,先计算平均发展速度,再依据两者之间关系进行换算。

**【例 8-8】** 某地区 2015—2020 年各年生产总值的环比发展速度分别为 118%,120%,117%,115%,111%,105%,求年平均增长速度。

**【解】**

$$\text{平均增长速度} = \text{平均发展速度} - 1 = \sqrt[n]{\frac{a_1}{a_0} \times \frac{a_2}{a_1} \cdots \times \frac{a_n}{a_{n-1}}} - 1$$

$$= \sqrt[6]{118\% \times 120\% \times 117\% \times 115\% \times 111\% \times 105\%} - 1 = 14.22\%$$

## 8.3 长期趋势的测定与预测

任何事物的发展变化,总是受诸多因素的影响。影响因素按其性质和作用不同,大致可以分为四类:长期趋势(T),季节变动(S),周期变动(C),不规则变动(I)。

**1. 长期趋势**(Long-term Trend,T)

长期趋势(T)是指随时间的推移,各指标值朝一个方向持续上升或下降的变化趋势。

**2. 季节变动**(Seasonal Variation,S)

季节变动(S)指社会经济现象随着季节更替而发生的有固定规律性的变动。如农产品的产量会受到季节的影响。

**3. 循环变动**(Circle Variation,C)

循环变动(C)也称波浪式变动,是以若干年(或月、季)为周期有一定规律性的周期波动。它与长期趋势的不同之处在于其不是单一方向的持续变动,而是有涨有落的交替波动。它与季节变动的不同之处在于循环变动的规律性不甚明显，不像季节变动有明显的按月或按季的固定周期规律。例如股票价格变动情况。

**4. 偶然变动**(Irregular Variation，I)

偶然变动(I)也称不规则变动，指由于自然或社会的偶然因素引起的社会经济现象的变动。

长期趋势的表现形式有直线趋势和曲线趋势两种。直线趋势是从长期看，现象发展变动基本上呈现一条直线状态。直线趋势是变化速度基本相同的长期趋势。当动态数列的逐期增长量大致相同时，长期趋势呈现为直线趋势。曲线趋势是指从长期看，现象发展变动呈现近似的曲线状态，如抛物线、指数曲线等。大多数事物的发展呈现曲线形式，但是如果仅取其中一段时间研究，那么曲线形式往往又表现为直线趋势。直线趋势是简单、基本的趋势，测定长期趋势的分析方法有许多，如移动平均法和最小平方法(最小二乘法)。

### 8.3.1　移动平均法

移动平均法采用逐次递移的方法对原时间序列计算一系列的序时平均数，这些平均数形成的新数列削弱或者消除了原时间数列中由于短期偶然因素引起的不规则变动和其他成分，对原始时间数列起到一定的修匀作用，从而呈现出现象发展的变动趋势。移动平均法适用于分析时间数列的长期趋势，但是不适合对未来的发展趋势进行预测。根据选定的时间长度不同，移动平均法有奇数项移动平均和偶数项移动平均。以下以移动项数为 3 项和 4 项为例进行说明。

**1. 奇数项移动平均**

采用奇数项计算移动平均数时，只需一次移动平均就可取得正对中间项的长期趋势值。$N$ 为奇数时，新数列首尾各减少 $(N-1)/2$ 项。

**【例 8-9】**　某企业各月销售 A 产品的销售量资料如表 8-8 所示，采用 3 项移动平均数分析进行修匀，计算其各个移动平均数。

**表 8-8　某企业各月销售 A 产品的销售量**

| 月　份 | 1 | 2 | 3 | 4 | 5 | 6 | 7 | 8 | 9 | 10 |
|---|---|---|---|---|---|---|---|---|---|---|
| 销售量(万件) | 41 | 42 | 52 | 43 | 45 | 51 | 53 | 40 | 51 | 49 |

**【解】**　本题为奇数项移动平均，得到表 8-9。

**表 8-9　某企业各月销售 A 产品销售量的移动平均数($N=3$)**

| 月　份 | 销售量(万件) | 3 项移动平均数 |
|---|---|---|
| 1 | 41 | — |
| 2 | 42 | 45 |
| 3 | 52 | 45.7 |
| 4 | 43 | 46.7 |
| 5 | 45 | 46.3 |
| 6 | 51 | 49.7 |
| 7 | 53 | 48 |
| 8 | 40 | 48 |
| 9 | 51 | 46.7 |
| 10 | 49 | — |

$N=3$ 移动平均后形成的数列中的数据，其中：

$$45=\frac{41+42+52}{3}$$

$$45.7=\frac{42+52+43}{3}$$

……

**2. 偶数项移动平均**

移动平均采用偶数项需要计算两次移动，其中第二次计算的是相邻两平均值的移动平均，这是为了使平均对正某一时期。$N$ 为偶数时，首尾各减少 $N/2$ 项。

同样以例 8-9 的数据为例，采用 4 项移动平均数分析进行修匀，计算其各个移动平均数，得到表 8-10。

**表 8-10 某企业各月销售 A 产品的销售量的移动平均数($N=4$)**

| 月 份 | 销售量(万件) | 一次移动平均数 | 二次移动平均数 |
|---|---|---|---|
| 1 | 41 | — | — |
| 2 | 42 | 44.5 | — |
| 3 | 52 | 45.5 | 45 |
| 4 | 43 | 47.75 | 46.7 |
| 5 | 45 | 48 | 47.9 |
| 6 | 51 | 47.25 | 47.7 |
| 7 | 53 | 48.75 | 48.1 |
| 8 | 40 | 48.25 | 48.6 |
| 9 | 51 | — | — |
| 10 | 49 | — | — |

## 8.3.2 最小平方法

最小平方法又称为最小二乘法，是用一定的数学模型对原有的时间序列拟合一条适当的趋势线进行修匀，是测定长期趋势常用的方法。最小平方法的基本要求是：

(1)使趋势值 $y_c$ 的总和与原数列的实际值 $y$ 的总和相等，即：

$$\sum y_c = \sum y$$

(2)使实际值与趋势值离差平方和为最小值，即：

$$\sum (y-y_c)^2 = 最小值$$

最小平方法既可以配合直线，也可以配合曲线。本章主要介绍直线模型，在此之前，要根据原数列的发展趋势和特点，用直角坐标绘制散点图观察其分布型态，确定现象发展趋势是直线的。

当现象的发展表现为每期按大致相同的增减量增减变化，则其长期发展基本趋势属于直线型，拟建立相应的直线趋势方程式来描述与该现象发展接近的一条直线，并可利用其预测现象未来的发展趋势。

趋势直线方程可表示为：

$$y_c = a + bt$$

式中：$y_c$ 为趋势值；$t$ 为各发展时期；$a$，$b$ 为未知参数。

令 $m = y - y_c = y - (a + bt)$，要使得 $m$ 最小，分别对 $a$ 和 $b$ 求偏导。

根据最小平方法的要求，求偏导：

$$\begin{cases} \dfrac{\partial m}{\partial a} = \sum 2(y - a - bt)(-1) = 0 \\ \dfrac{\partial m}{\partial b} = \sum 2(y - a - bt)(-t) = 0 \end{cases}$$

求偏导数得到方程组：

$$\begin{cases} \sum y = na + b\sum t \\ \sum ty = a\sum t + b\sum t^2 \end{cases}$$

整理得到：

$$b = \frac{n\sum ty - \sum t \cdot \sum y}{n\sum t^2 - \left(\sum t\right)^2}$$

$$a = \frac{\sum y - b\sum t}{n}$$

为了计算方便，当时间项数为奇数时，可假设 $t$ 的中间项为 0，其他时间项依次排列；当时间项数为偶数时，可假设 $t$ 的中间两项分别为 −1，1，其他时间项依次排列，如 −5，−3，−1，1，3，5，这时，$\sum t = 0$，则以上联立方程组为：

$$\begin{cases} \sum y = na \\ \sum ty = b\sum t^2 \end{cases}$$

则参数 $a$，$b$ 即可化简为：

$$a = \frac{\sum y}{n}$$

$$b = \frac{\sum ty}{\sum t^2}$$

**【例 8-10】** 某企业历年产值资料如表 8-11 所示。

**8-11　某企业历年产值**

| 年份 | 2014 | 2015 | 2016 | 2017 | 2018 |
|---|---|---|---|---|---|
| 产值(万元) | 20 | 22 | 25 | 28 | 30 |

要求：

(1)用最小平方法的配合直线方程。

(2)并预测该地区 2023 年这种产品可能达到的产值。

**【解】** (1)绘制散点图，如图 8-1 所示。

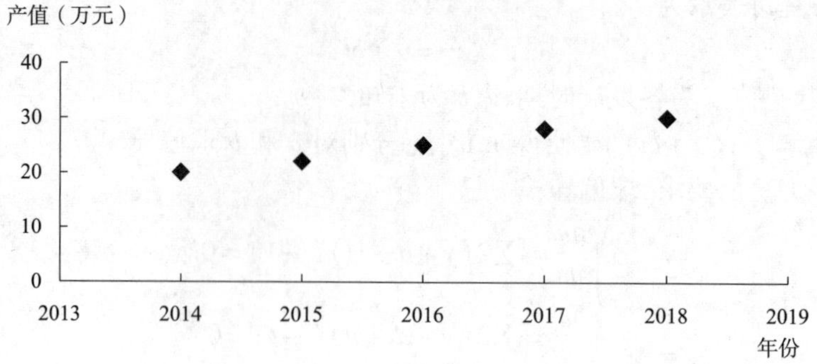


**图 8-1 某企业历年产值散点图**

从图 8-1 可以看出各点分布于一条直线的两侧,因此,可判定该长期趋势属于直线趋势模型。

该题时间项数为奇数,为了计算方便,假设 $t$ 的中间项为 0,其他时间项依次排列,计算数值如表 8-12 所示。

**表 8-12 某企业历年产值资料**

| 年份 | 产值(万元) | $t$ | $ty$ | $t^2$ |
|---|---|---|---|---|
| 2014 | 20 | -2 | -40 | 4 |
| 2015 | 22 | -1 | -22 | 1 |
| 2016 | 25 | 0 | 0 | 0 |
| 2017 | 28 | 1 | 28 | 1 |
| 2018 | 30 | 2 | 60 | 4 |
| 合计 | 125 | 0 | 26 | 10 |

由表中数据代入得到:

$$a = \frac{\sum y}{n} = \frac{125}{5} = 25$$

$$b = \frac{\sum ty}{\sum t^2} = \frac{26}{10} = 2.6$$

可得到直线方程:$y_c = 25 + 2.6\ t$

(2)2023 年对应的 $t = 7$,$y_c = 25 + 2.6 \times 7 = 43.2$(万元)

## 习 题

### 一、选择题

动态数列的构成要素是(　　)。

A. 变量和次数　　B. 时间和指标数值

C. 时间和次数　　D. 主词和宾语

## 二、计算题

某地区粮食产量资料如表 8-13 所示。

**表 8-13　某地区粮食产量资料**

| 年份 | 粮食产量(吨) | 逐期增长量 |
| --- | --- | --- |
| 2013 | 217 | — |
| 2014 | 230 | 13 |
| 2015 | 225 | −5 |
| 2016 | 248 | 24 |
| 2017 | 242 | −6 |
| 2018 | 253 | 11 |
| 2019 | 280 | 27 |
| 2020 | 309 | 29 |
| 2021 | 343 | 34 |

(1)用最小平方法配合直线趋势方程。

(2)预测该地区 2023 年的粮食产量。

# 第9章 相关与回归分析

## 案例导读

在现实生活中,我们都知道父母身高对子女身高是有影响的,但父亲与母亲的影响分别有多大?他们对儿子和女儿的影响程度是否相同?能否用定量的形式回答这个问题呢?如果可以利用回归方法进一步揭示父亲身高、母亲身高与子女身高之间量化关系的秘密,将有助于那些关注自己后代身高的年轻父母们进行早期预测,同时也可为那些未婚青年男女在选择理想配偶时提供科学的参考依据。

相关与回归分析是处理变量之间关系的一种统计分析方法,通过相关分析,可以判定两个或两个以上的变量之间是否存在相关关系,确定相关关系的方向、形态及相关关系的密切程度。回归分析就是对具有相关关系的变量之间数量变化的一般关系进行测定,确定一个相关的数学表达式,以便进行估计或预测的统计分析方法。

## 9.1 相关分析

**1. 相关关系的概念**

经济变量之间的关系,存在着三种不同的类型:一种是两个变量的数量变化互相独立,这种关系称为不相关,如甲厂的职工人数与乙厂的生产规模;第二种是一个变量的数量变化由另一个变量的数量变化唯一确定,这时两个变量间的关系称为完全相关,完全相关实际是函数关系,如工人计时工资制中工人工作的工时和工人的工资就是函数关系;第三种是两个变量之间的关系介于不相关和完全相关之间,称为不完全相关,如当家庭收入增加时,其消费支出也有增长的趋势。

**2. 相关关系的方向**

如果变量之间按相同的方向变动,这种相关关系被称为正相关。例如居民的消费支出随收入的增加而增加。如果变量之间按相反的方向变动,这种相关关系被称为负相关。例如产品的总产量和平均固定成本之间的关系。正相关与负相关的关系图如图 9-1 所示。

**3. 相关关系的形态**

若相关的两个变量对应值的散点在直角坐标图上围绕直线波动,称为线性相关或直线相关。若相关的两个变量对应值的散点在直角坐标图上围绕曲线波动,称为非线性相关或曲线相关,如图 9-2 所示。

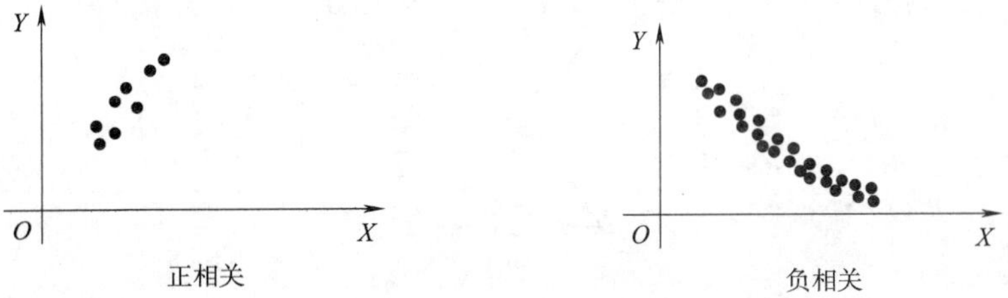


图 9-1　正相关与负相关

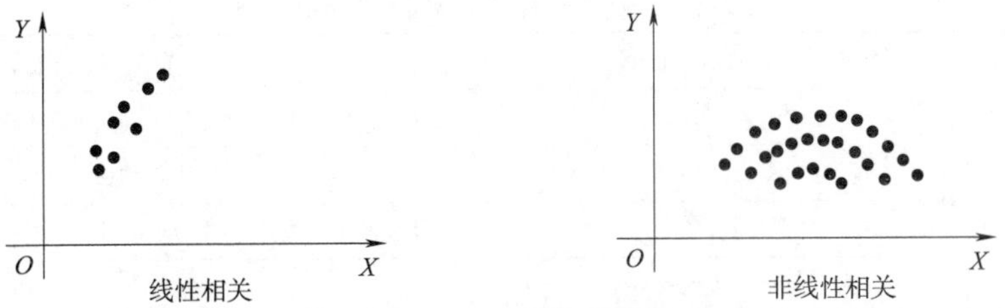


图 9-2　线性相关与非线性相关

**4. 相关关系的密切程度**

通过散点图可以大致反映变量之间关系的密切程度。但要确切、具体地说明变量间的相关程度，这就需要进行必要的定量分析，即计算相关系数。

1）相关系数的计算

度量两个变量之间线性相关程度的相关系数称为简单相关系数，记为 $r$。样本相关系数的计算公式为：

$$r=\frac{n\sum xy-\sum x\sum y}{\sqrt{n\sum x^2-\left(\sum x\right)^2}\sqrt{n\sum y^2-\left(\sum y\right)^2}}$$

2）相关系数的判断标准

（1）相关系数的取值范围为 $-1\leqslant r\leqslant 1$，$r$ 为 $-1$ 表示两变量为完全负相关，$r$ 为 1 表示两变量为完全正相关，$r=0$ 表示两变量无线性关系。

（2）若 $|r|<0.3$，说明两变量之间的关系极弱；若 $0.3\leqslant|r|<0.5$，说明两变量之间的关系低度相关；若 $0.5\leqslant|r|<0.8$，说明两变量之间的关系为中度相关；若 $|r|\geqslant 0.8$，说明两变量之间的关系为高度相关。

## 9.2　一元线性回归分析

回归分析通过一定的数学表达式将变量之间的数量关系描述出来，进而确定一个或几个变量（自变量）的变化对另一个特定变量（因变量）的影响程度。回归分析主要解决：①从一组样本数据出发，确定出变量之间的数学关系式；②利用所求的关系式，根据一个或几个变量的取值来估计或预测另一个特定变量的取值，并给出这种估计或预测的置信度。

估计的一元线性回归方程，其形式如下：

$$y_c=a+bx$$

其中 $a$ 和 $b$ 为回归方程中的位置参数,确定 $a$ 和 $b$ 的方法称为最小二乘法:

$$b = \frac{n\sum xy - \sum x\sum y}{n\sum x^2 - (\sum x)^2}$$

$$a = \frac{\sum y - b\sum x}{n}$$

**【例 9-1】** 一经济学家要了解家庭月收入和家庭存款之间的关系,收集了 9 个家庭月收入和存款的资料,如表 9-1 所示。

**表 9-1 9 个家庭月收入和存款的资料①**

| 序号 | 月收入(千元) | 存款额(千元) |
|---|---|---|
| 1 | 24 | 0.1 |
| 2 | 30 | 0.2 |
| 3 | 36 | 0.3 |
| 4 | 38 | 0.3 |
| 5 | 39 | 0.4 |
| 6 | 40 | 0.5 |
| 7 | 41 | 0.6 |
| 8 | 43 | 0.7 |
| 9 | 45 | 0.9 |

要求:

(1)计算相关系数,说明两变量相关的程度。

(2)建立月收入为因变量的一元线性回归方程,并预测当月收入 5 万元时,存款是多少元。

**【解】** (1)根据表 9-1 整理得到表 9-2。

**表 9-2 9 个家庭月收入和存款的资料**

| 序号 | 月收入 $y$(千元) | 存款额 $x$(千元) | $xy$ | $x^2$ | $y^2$ |
|---|---|---|---|---|---|
| 1 | 24 | 0.1 | 2.4 | 0.01 | 576 |
| 2 | 30 | 0.2 | 6 | 0.04 | 900 |
| 3 | 36 | 0.3 | 10.8 | 0.09 | 1 296 |
| 4 | 38 | 0.3 | 11.4 | 0.09 | 1 444 |
| 5 | 39 | 0.4 | 15.6 | 0.16 | 1 521 |
| 6 | 40 | 0.5 | 20 | 0.25 | 1 600 |
| 7 | 41 | 0.6 | 24.6 | 0.36 | 1 681 |
| 8 | 43 | 0.7 | 30.1 | 0.49 | 1 849 |
| 9 | 45 | 0.9 | 40.5 | 0.81 | 2 025 |
| 合计 | 336 | 4 | 161.4 | 2.3 | 12 892 |

① 为计算方便,此处以"千元"作为单位。

$$r=\frac{n\sum xy-\sum x\sum y}{\sqrt{n\sum x^2-(\sum x)^2}\times\sqrt{n\sum y^2-(\sum y)^2}}=\frac{9\times161.4-4\times336}{\sqrt{9\times2.3-4^2}\times\sqrt{9\times12\ 892-336^2}}$$

$$=\frac{108.60}{121.33}=0.90$$

$r\geqslant0.8$,说明两变量之间的关系为高度相关。

(2)

$$b=\frac{n\sum xy-\sum x\sum y}{n\sum x^2-(\sum x)^2}=\frac{9\times161.4-4\times336}{9\times2.3-4^2}=23.11$$

$$a=\frac{\sum y-b\sum x}{n}=\frac{336-23.11\times4}{9}=27.06$$

一元线性回归方程:$y_c=27.06+23.11x$。

当月收入 50 千元(即 5 万元)时,存款是 $x=1\ 182.56$ 元。

## 习　　题

### 一、选择题

1. 年劳动生产率 $x$(千元)和职工工资 $y$(元)之间的回归方程为 $y=10+70x$,这意味着年劳动生产率每提高 1 千元时,职工工资平均(　　)。

A. 增加 70 元　　B. 减少 70 元

C. 增加 80 元　　D. 减少 80 元

2. 如果变量 $x$ 和变量 $y$ 之间的相关关系为 $-1$,这说明两个变量之间是(　　)。

A. 低度相关关系　　B. 高度相关关系

C. 完全相关关系　　D. 完全不相关

3. 已知某工厂甲产品产量和生产成本有直接关系,在这条直线上,当产量为 1 000 件时,其生产成本为 30 000 元,其中不随产量变化的成本为 6 000 元,则成本总额对产量的回归直线方程是(　　)。

A. $y_c=6\ 000+24x$　　B. $y_c=6+2.4x$

C. $y_c=24+6\ 000x$　　D. $y_c=24\ 000+6x$

### 二、计算题

某汽车厂要分析汽车货运量与汽车拥有量之间的关系,选择部分地区进行调研,资料如表 9-3 所示。

**表 9-3　调研资料**

| 年份 | 汽车货运量 $x$(亿吨/千米) | 汽车拥有量 $y$(万辆) |
|---|---|---|
| 2011 | 5.1 | 0.77 |
| 2012 | 5.5 | 0.81 |
| 2013 | 6.6 | 0.85 |
| 2014 | 7.0 | 0.90 |
| 2015 | 7.4 | 0.92 |
| 2016 | 7.8 | 1.05 |

续表

| 年份 | 汽车货运量 $x$(亿吨/千米) | 汽车拥有量 $y$(万辆) |
| --- | --- | --- |
| 2017 | 8.5 | 1.08 |
| 2018 | 9.5 | 1.10 |
| 2019 | 10.8 | 1.15 |
| 2020 | 12 | 1.23 |

要求:

(1)根据资料做散点图,并求相关系数。

(2)配合简单线性回归方程。

(3)若汽车货运量 $x$ 为 15 亿吨/千米,汽车拥有量是多少万辆?

# 第 10 章 Excel & SPSS在统计中的应用

## 10.1 Excel 在统计中的应用

由于简装版的 Excel 中没有“数据分析”菜单，因此需要进行以下操作步骤来添加该菜单，本实验应用的软件为 Office 2019，操作步骤如下：

选择“文件”→“选项”，弹出“Excel 选项”对话框，单击“加载项”选项卡中的 Excel 加载项后的“转到”按钮，如图 10-1 所示，弹出“加载宏”对话框，如图 10-2 所示，选择“分析工具库”，单击“确定”按钮。完成以上操作后，“数据”菜单中出现“数据分析”则操作成功。

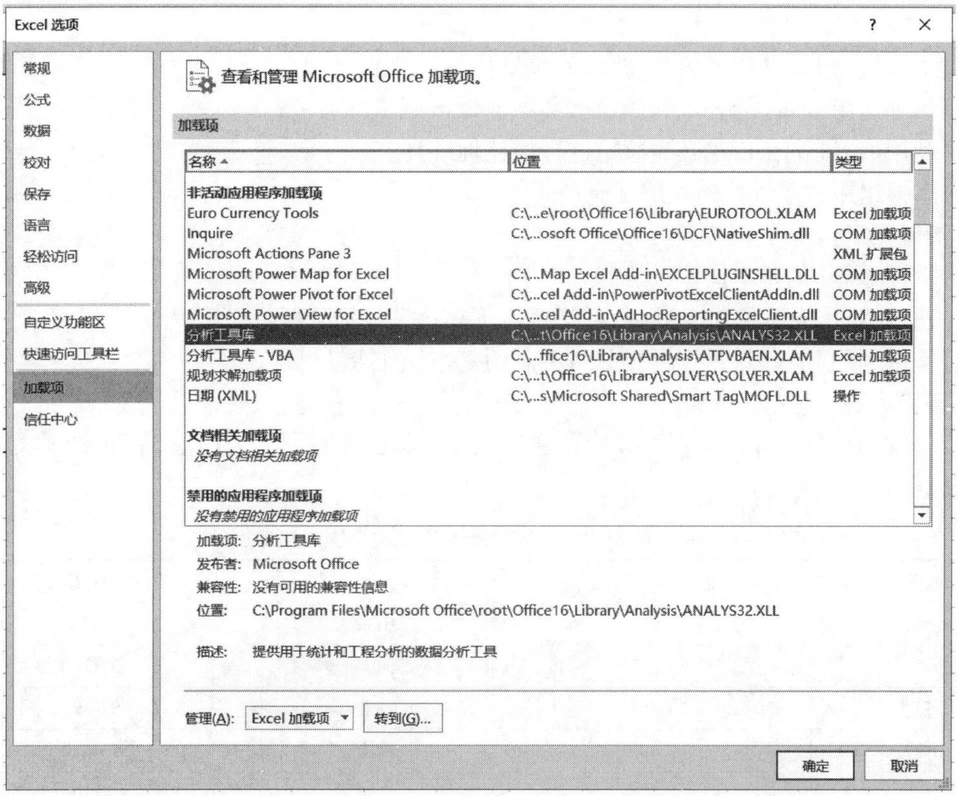


图 10-1 “Excel 选项”对话框

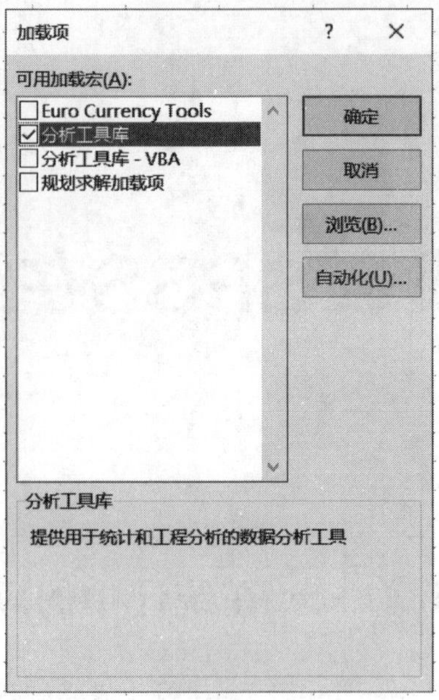


**图 10-2 "加载宏"选项卡**

## 实验 1 利用 Excel 对数据进行描述统计分析

### 1. 实验目的

(1)掌握 Excel 的基本知识。

(2)学会应用 Excel 创建表格,输入和编辑信息。

(3)熟练运用 Excel 的公式和函数求各种统计指标。

(4)利用 Excel 的分析工具对数据进行描述性统计。

(5)掌握组距式变量数列的编制原理。

### 2. 实验要求

(1)掌握 Excel 的基本操作方法。

(2)通过练习,能够独立运用 Excel 进行数据整理和数据分析。

(3)掌握利用 Excel 对数据进行分组编制的基本操作方法。

### 3. 实验内容

(1)分别用函数和数据分析工具计算这 31 个地区人口的总和、平均值、中位数、众数、标准差(见表 10-1)。

**表 10-1 2020 年 31 地区人口统计**(第七次全国人口普查结果)

| 地区 | 总人口(万人) | 地区 | 总人口(万人) |
|---|---|---|---|
| 北京 | 2 189 | 山东 | 10 153 |
| 天津 | 1 387 | 河南 | 9 937 |
| 河北 | 7 461 | 湖北 | 5 775 |
| 山西 | 3 492 | 湖南 | 6 644 |
| 内蒙 | 2 405 | 广东 | 12 601 |

续表

| 地区 | 总人口(万人) | 地区 | 总人口(万人) |
|---|---|---|---|
| 辽宁 | 4 259 | 广西 | 5 013 |
| 吉林 | 2 407 | 海南 | 1 008 |
| 黑龙江 | 3 185 | 重庆 | 3 205 |
| 上海 | 2 487 | 四川 | 8 367 |
| 江苏 | 8 475 | 贵州 | 3 856 |
| 浙江 | 6 457 | 云南 | 4 721 |
| 安徽 | 6 103 | 西藏 | 365 |
| 福建 | 4 154 | 陕西 | 3 953 |
| 青海 | 592 | 宁夏 | 720 |
| 新疆 | 2 585 | 甘肃 | 2 502 |
| 江西 | 4 519 | | |

(2)根据抽样调查,某月×市50户居民购买消费品支出资料如表10-2所示。

**表10-2　某月×市50户居民购买消费品支出**　　单位:元

| | | | | | | | | | |
|---|---|---|---|---|---|---|---|---|---|
| 830 | 880 | 1 230 | 1 100 | 1 180 | 1 580 | 1 210 | 1 460 | 1 170 | 1 080 |
| 1 050 | 1 100 | 1 070 | 1 370 | 1 200 | 1 630 | 1 250 | 1 360 | 1 270 | 1 420 |
| 1 180 | 1 030 | 870 | 1 150 | 1 410 | 1 170 | 1 230 | 1 260 | 1 380 | 1 510 |
| 1 010 | 860 | 810 | 1 130 | 1 140 | 1 190 | 1 260 | 1 350 | 930 | 1 420 |
| 1 080 | 1 010 | 1 050 | 1 250 | 1 160 | 1 320 | 1 380 | 1 310 | 1 270 | 1 250 |

根据以上数据,以900、1 000、1 100、1 200、1 300、1 400、1 500、1 600为组限,对居民50户月消费支出额编制组距式变量数列,并计算居民户月消费支出额的累计频数和频率。同时对分组资料用各种统计图的形式来加以表现。

**4. 实验步骤**

(1)用Excel函数计算这31个地区人口的总和、平均值、中位数、众数、标准差。

①如图10-3所示,在工作表中输入数据。

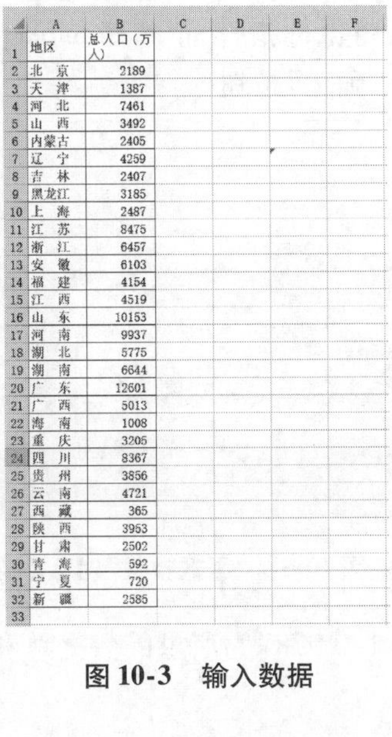

| | A | B | C | D | E | F |
|---|---|---|---|---|---|---|
| 1 | 地区 | 总人口(万人) | | | | |
| 2 | 北　京 | 2189 | | | | |
| 3 | 天　津 | 1387 | | | | |
| 4 | 河　北 | 7461 | | | | |
| 5 | 山　西 | 3492 | | | | |
| 6 | 内蒙古 | 2405 | | | | |
| 7 | 辽　宁 | 4259 | | | | |
| 8 | 吉　林 | 2407 | | | | |
| 9 | 黑龙江 | 3185 | | | | |
| 10 | 上　海 | 2487 | | | | |
| 11 | 江　苏 | 8475 | | | | |
| 12 | 浙　江 | 6457 | | | | |
| 13 | 安　徽 | 6103 | | | | |
| 14 | 福　建 | 4154 | | | | |
| 15 | 江　西 | 4519 | | | | |
| 16 | 山　东 | 10153 | | | | |
| 17 | 河　南 | 9937 | | | | |
| 18 | 湖　北 | 5775 | | | | |
| 19 | 湖　南 | 6644 | | | | |
| 20 | 广　东 | 12601 | | | | |
| 21 | 广　西 | 5013 | | | | |
| 22 | 海　南 | 1008 | | | | |
| 23 | 重　庆 | 3205 | | | | |
| 24 | 四　川 | 8367 | | | | |
| 25 | 贵　州 | 3856 | | | | |
| 26 | 云　南 | 4721 | | | | |
| 27 | 西　藏 | 365 | | | | |
| 28 | 陕　西 | 3953 | | | | |
| 29 | 甘　肃 | 2502 | | | | |
| 30 | 青　海 | 592 | | | | |
| 31 | 宁　夏 | 720 | | | | |
| 32 | 新　疆 | 2585 | | | | |
| 33 | | | | | | |

图10-3　输入数据

②熟悉统计常用函数及其功能，如表 10-3 所示。

表 10-3　常用函数及其功能

| 函数 | 功能 | 函数 | 功能 | 函数 | 功能 |
|---|---|---|---|---|---|
| COUNT | 记数 | NORMSINV | Z 值计算 | MEDIAN | 中位数 |
| MAX | 最大值 | ABS | 绝对值 | MODE | 众数 |
| MIN | 最小值 | CHIINV | 卡方值 | QUARTILE | 四分位数 |
| SUM | 求和 | TINV | T 值计算 | VAR | 方差 |
| SUMSQ | 平方和 | FINV | F 值计算 | STDEV | 标准差 |
| AVERAGE | 平均值 | SQRT | 平方根 | GEOMEAN | 几何平均数 |

③使用函数进行统计计算(以求数据的总和为例)。

A. 选定 E2 单元格，选择“公式→插入函数”命令，出现图 10-4 所示对话框，在“或选择类别”下拉列表中选择“常用函数”，在“选择函数”列表框中选择求和函数“SUM”，然后单击“确定”按钮。

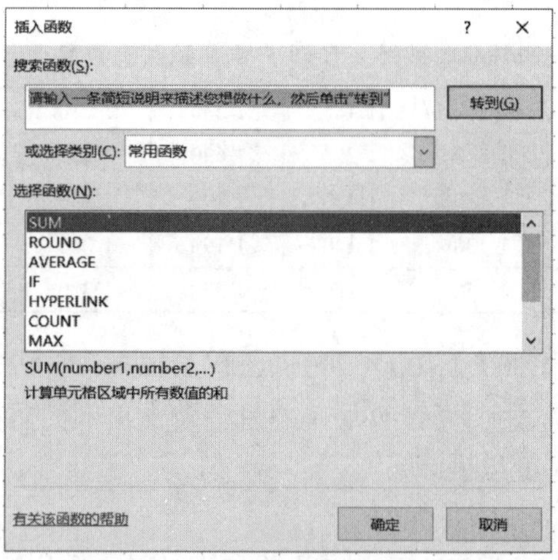


图 10-4　“插入函数”对话框

B. 弹出“函数参数”对话框，将鼠标指针置于“Mumber1”编辑框内，在工作表中选择 B2：B32 的区域，如图 10-5 所示，单击“确定”按钮。

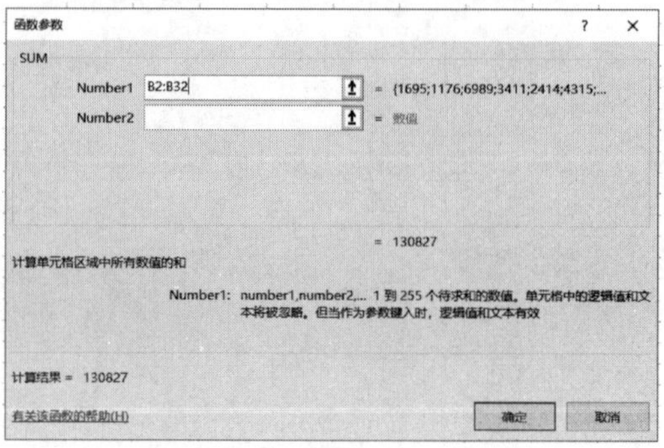


图 10-5　“函数参数”对话框

C. 在 E2 单元格中显示数据“140 978”为所求的数据总和。

D. 使用同样的方法分别求出均值、方差、标准差、中位数、众数，如图 10-6 所示。

| | A | B | C | D | E | F |
|---|---|---|---|---|---|---|
| 1 | 地区 | 总人口（万人） | | | | |
| 2 | 北　京 | 2189 | | 总和 | 140978 | |
| 3 | 天　津 | 1387 | | 均值 | 4547.6733 | |
| 4 | 河　北 | 7461 | | 方差 | 9306733.7 | |
| 5 | 山　西 | 3492 | | 标准差 | 3050.694 | |
| 6 | 内蒙古 | 2405 | | 中位数 | 3952.8999 | |
| 7 | 辽　宁 | 4259 | | 众数 | #N/A | |
| 8 | 吉　林 | 2407 | | | | |

图 10-6　求均值等指标

(2)用分析工具试计算这 31 个地区人口的总和、平均值、中位数、众数、标准差。

①单击“数据→数据分析”，打开“数据分析”对话框，如图 10-7 所示。

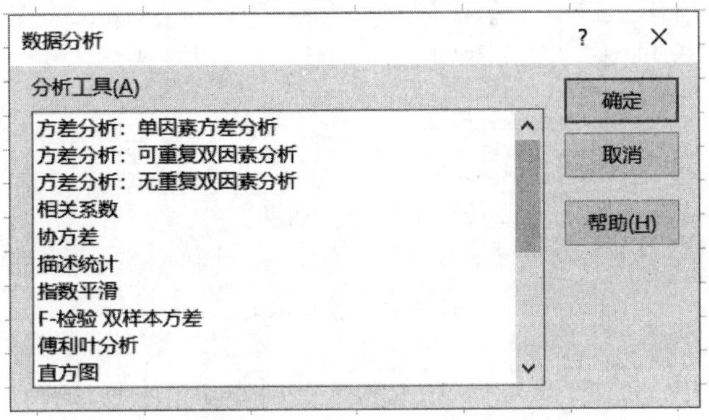


图 10-7　“数据分析”对话框

②选择“描述统计”功能，单击“确定”，打开“描述统计”对话框，如图 10-8 所示。选定数据的输入区域为 B2:B32 格；分组方式选择“逐列”；选定一个输出区域为 D9 单元格；再选中“汇总统计”复选框。

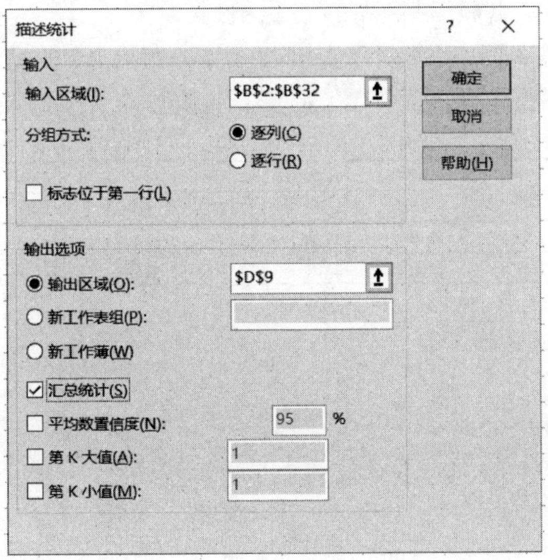


图 10-8　“描述统计”对话框

③系统输出 2020 年我国各地区人口描述统计的计算结果,如图 10-9 所示。

| | A | B | C | D | E | F |
|---|---|---|---|---|---|---|
| 1 | 地区 | 总人口(万人) | | | | |
| 2 | 北　京 | 2189 | | 总和 | 140978 | |
| 3 | 天　津 | 1387 | | 均值 | 4547.6733 | |
| 4 | 河　北 | 7461 | | 方差 | 9306733.7 | |
| 5 | 山　西 | 3492 | | 标准差 | 3050.694 | |
| 6 | 内蒙古 | 2405 | | 中位数 | 3952.8999 | |
| 7 | 辽　宁 | 4259 | | 众数 | #N/A | |
| 8 | 吉　林 | 2407 | | | | |
| 9 | 黑龙江 | 3185 | | 平均 | 4547.6733 | |
| 10 | 上　海 | 2487 | | 标准误差 | 547.92081 | |
| 11 | 江　苏 | 8475 | | 中位数 | 3952.8999 | |
| 12 | 浙　江 | 6457 | | 众数 | #N/A | |
| 13 | 安　徽 | 6103 | | 标准差 | 3050.694 | |
| 14 | 福　建 | 4154 | | 方差 | 9306733.7 | |
| 15 | 江　西 | 4519 | | 峰度 | 0.3207784 | |
| 16 | 山　东 | 10153 | | 偏度 | 0.861464 | |
| 17 | 河　南 | 9937 | | 区域 | 12236.441 | |
| 18 | 湖　北 | 5775 | | 最小值 | 364.81 | |
| 19 | 湖　南 | 6644 | | 最大值 | 12601.251 | |
| 20 | 广　东 | 12601 | | 求和 | 140977.87 | |
| 21 | 广　西 | 5013 | | 观测数 | 31 | |
| 22 | 海　南 | 1008 | | | | |

**图 10-9　统计结果**

④在系统的输出中,"平均"即均值 $X$,反映了全国各地区人口的平均水平;"标准误差"为样本均值的标准差,反映了用平均值代表性的大小,本例中标准误差的值很大,说明平均值的代表性差,各地区的人口数量差异比较大;"众数"即出现次数最多的标志值,由于本例中 31 个标志值互不相同,故没有众数;"标准差"为总体标准差;"方差"为总体方差;本例中峰度的值小于零,表示分布比正态分布更集中在平均数周围,分布呈尖峰状态;偏度的值大于零,说明分布呈正偏斜,即大部分标志值是大于平均值的。

(3)对居民户月消费支出额编制组距式变量数列。

①数据输入。分别输入"居民消费品支出"和组限,如图 10-10 所示。

| | A | B | C | D | E | F | G | H | I | J |
|---|---|---|---|---|---|---|---|---|---|---|
| 1 | 830 | 880 | 1230 | 1100 | 1180 | 1580 | 1210 | 1460 | 1170 | 1080 |
| 2 | 1050 | 1100 | 1070 | 1370 | 1200 | 1630 | 1250 | 1360 | 1270 | 1420 |
| 3 | 1180 | 1030 | 870 | 1150 | 1410 | 1170 | 1230 | 1260 | 1380 | 1510 |
| 4 | 1010 | 860 | 810 | 1130 | 1140 | 1190 | 1260 | 1350 | 930 | 1420 |
| 5 | 1080 | 1010 | 1050 | 1250 | 1160 | 1320 | 1380 | 1310 | 1270 | 1250 |
| 6 | 组限 | | | | | | | | | |
| 7 | 900 | | | | | | | | | |
| 8 | 1000 | | | | | | | | | |
| 9 | 1100 | | | | | | | | | |
| 10 | 1200 | | | | | | | | | |
| 11 | 1300 | | | | | | | | | |
| 12 | 1400 | | | | | | | | | |
| 13 | 1500 | | | | | | | | | |
| 14 | 1600 | | | | | | | | | |

**图 10-10　输入数据**

②选择“数据→数据分析”，弹出“数据分析”对话框，选择“直方图”选项，弹出“直方图”对话框。

③在“直方图”对话框中，输入相关数据，如图 10-11 所示。

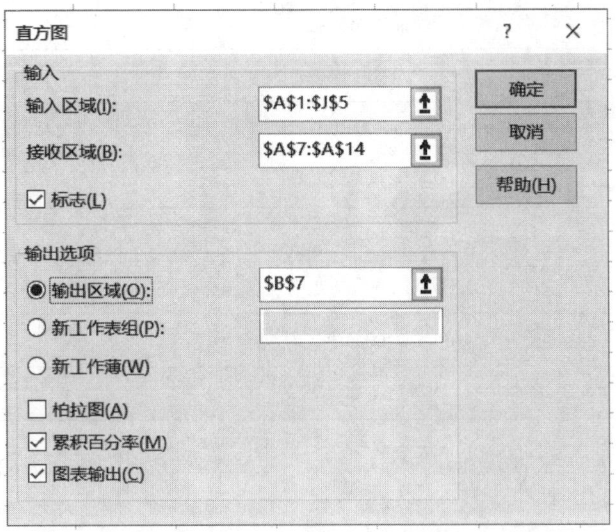


图 10-11　“直方图”对话框

- 输入区域：$A$1：$J$5。
- 接收区域：$A$7：$A$14，接收区域的数值应按升序排列。
- 输出区域：$B$7（为输出结果左上角单元格地址）。
- 选中“标志”复选框。
- 柏拉图：选中此复选框，可以在输出表中同时按降序排列频率数据。如果此复选框被清除，Excel 将只按升序来排列数据。
- 累积百分率：选中此复选框，可以在输出表中添加一列累积百分率数值，并同时在直方图表中添加累积百分率折线。如果清除此选项，则会省略累积百分率。
- 图表输出：选中此复选框，可以在输出表中同时生成一个嵌入式直方图表。

本例中选中“累积百分率”和“图表输出”两个复选框。

④实验结果如图 10-12 所示。

| A | B | C | D | E | F | G | H | I | J | K |
|---|---|---|---|---|---|---|---|---|---|---|
| 830 | 880 | 1230 | 1100 | 1180 | 1580 | 1210 | 1460 | 1170 | 1080 | |
| 1050 | 1100 | 1070 | 1370 | 1200 | 1630 | 1250 | 1360 | 1270 | 1420 | |
| 1180 | 1030 | 870 | 1150 | 1410 | 1170 | 1230 | 1260 | 1380 | 1510 | |
| 1010 | 860 | 810 | 1130 | 1140 | 1190 | 1260 | 1350 | 930 | 1420 | |
| 1080 | 1010 | 1050 | 1250 | 1160 | 1320 | 1380 | 1310 | 1270 | 1250 | |
| 组限 | | | | | | | | | | |
| 900 | 900 | 频率 | 累积 % | | | | | | | |
| 1000 | 1000 | 6 | 12.00% | | | | | | | |
| 1100 | 1100 | 10 | 32.00% | | | | | | | |
| 1200 | 1200 | 10 | 52.00% | | | | | | | |
| 1300 | 1300 | 10 | 72.00% | | | | | | | |
| 1400 | 1400 | 7 | 86.00% | | | | | | | |
| 1500 | 1500 | 4 | 94.00% | | | | | | | |
| 1600 | 1600 | 2 | 98.00% | | | | | | | |
| | 其他 | 1 | 100.00% | | | | | | | |

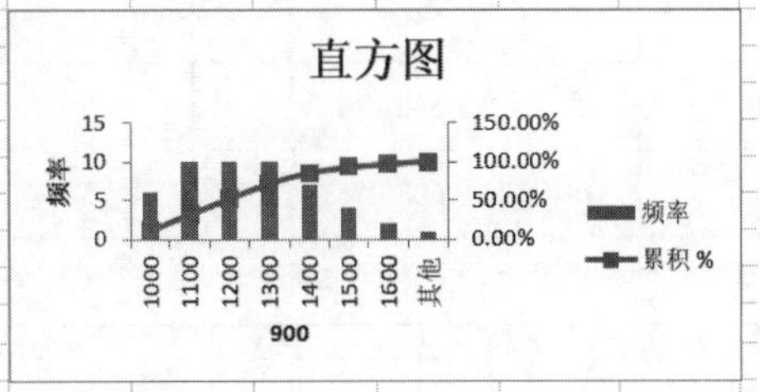


图 10-12　实验结果

⑤由图中可知,对分组资料进行整理后可得表 10-4 所示结果。

**表 10-4 某月×市 50 户居民购买消费品支出分组资料**

| 组 名 | 居民购买消费品支出分组 | 居民户数 |
|---|---|---|
| 1 | 900 以下 | 5 |
| 2 | 900 ~ 1 000 | 1 |
| 3 | 1 000 ~ 1 100 | 10 |
| 4 | 1 100 ~ 1 200 | 10 |
| 5 | 1 200 ~ 1 300 | 10 |
| 6 | 1 300 ~ 1 400 | 7 |
| 7 | 1 400 ~ 1 500 | 4 |
| 8 | 1 500 ~ 1 600 | 2 |
| 9 | 1 600 以上 | 1 |

## 实验 2 Excel 图表制作及编辑

**1. 实验目的**

(1)掌握 Excel 的图表创建。

(2)熟悉 Excel 图表编辑技巧。

**2. 实验要求**

(1)掌握 Excel 的基本图表创建操作方法。

(2)通过练习,能够独立运用 Excel 图表进行数据整理和数据分析。

**3. 实验内容**

(1)统计图表的建立。

(2)学习、练习 Excel 的图表编辑。

**4. 实验步骤**

(1)统计图表的创建与编辑,以表 10-5 为例,建立柱形图。

**表 10-5 2015—2019 年某地区普通高等教育、中等职业教育及普通高中招生人数(万人)**

| 年 份 | 普通高等教育 | 中等职业教育 | 普通高中 |
|---|---|---|---|
| 2015 | 504 | 656 | 878 |
| 2016 | 546 | 748 | 871 |
| 2017 | 566 | 810 | 840 |
| 2018 | 608 | 812 | 837 |
| 2019 | 640 | 874 | 830 |

①将表 10-5 中的数据输入 Excel 表格中,如图 10-13 所示。

| | A | B | C | D | E |
|---|---|---|---|---|---|
| 1 | 年份 | 普通高等教育 | 中等职业教育 | 普通高中 | |
| 2 | 2015 | 504 | 656 | 878 | |
| 3 | 2016 | 546 | 748 | 871 | |
| 4 | 2017 | 566 | 810 | 840 | |
| 5 | 2018 | 608 | 812 | 837 | |
| 6 | 2019 | 640 | 874 | 830 | |
| 7 | | | | | |

图 10-13　输入数据

②在"插入"选项卡,单击 按钮,选择一种子图表类型,如图 10-14 所示。

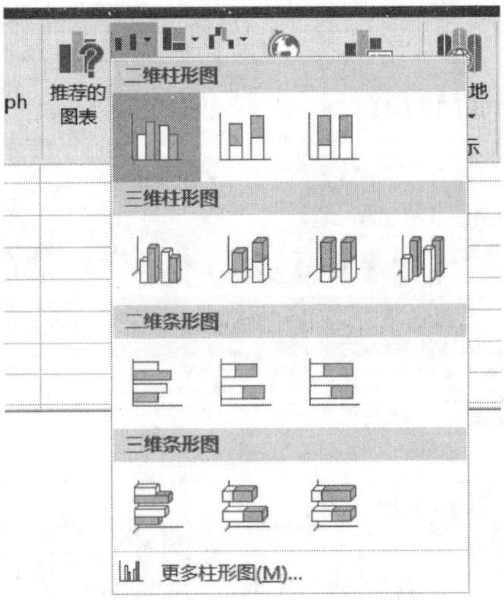


图 10-14　插入柱形图

③在空白图表区域右击,在弹出的快捷菜单中"选择数据",然后在"图例项(系列)"内分别添加"普通高等教育、中等职业教育和普通高中"的名称及数据(选中后单击"编辑");在"水平(分类)轴标签"中添加年份(选中后单击"编辑"),过程如图 10-15 所示。

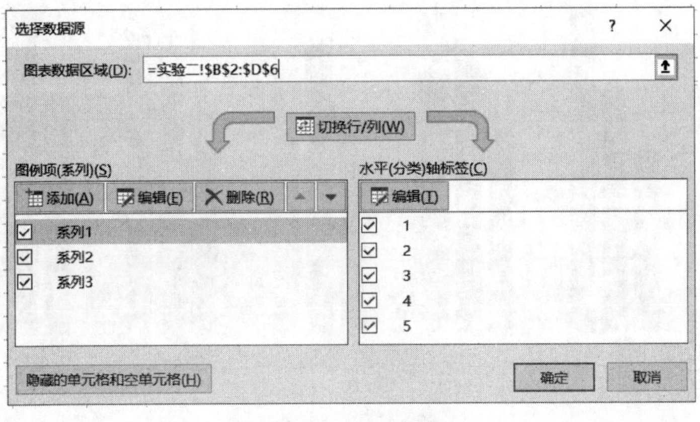


图 10-15　选择数据源

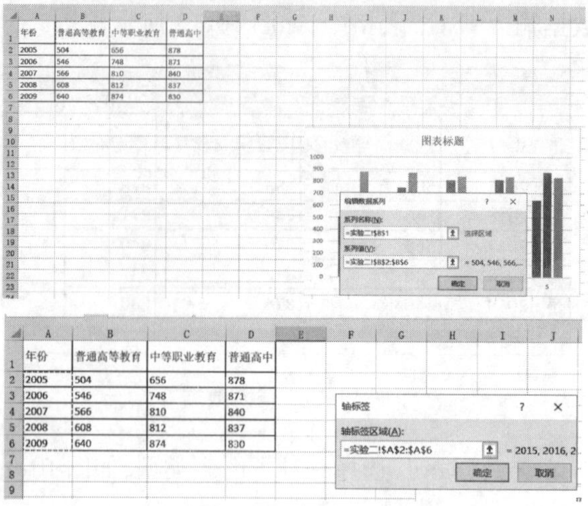


图 10-15　选择数据源(续)

完成数据源的选择后,结果如图 10-16 所示。

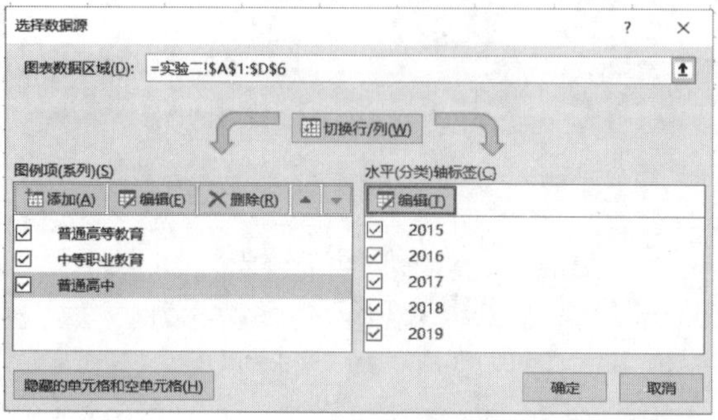


图 10-16　完成数据源的选择

④单击"确定"按钮后,可得图 10-17 所示结果。

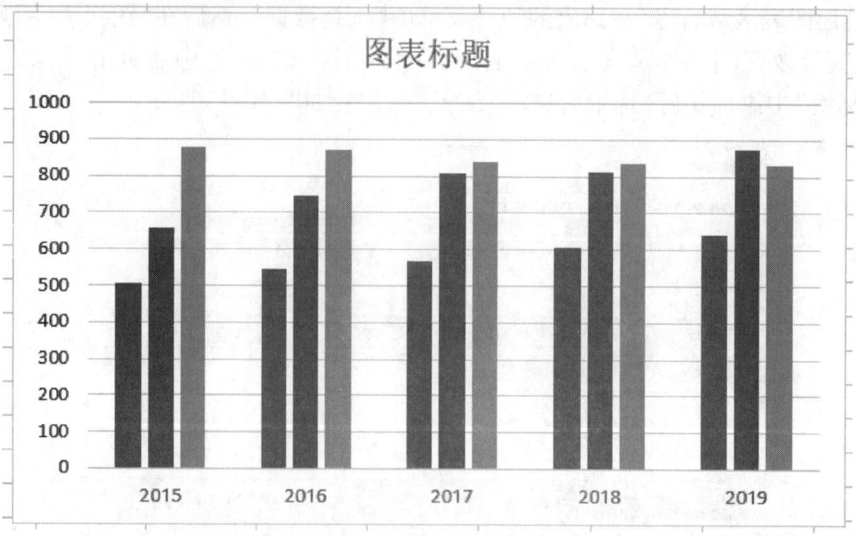


图 10-17　柱形图

⑤如图 10-18 所示，在“图表工具”中选择“图表布局”类型，并分别修改“标题”“横轴”“纵轴”，如图 10-19 所示。

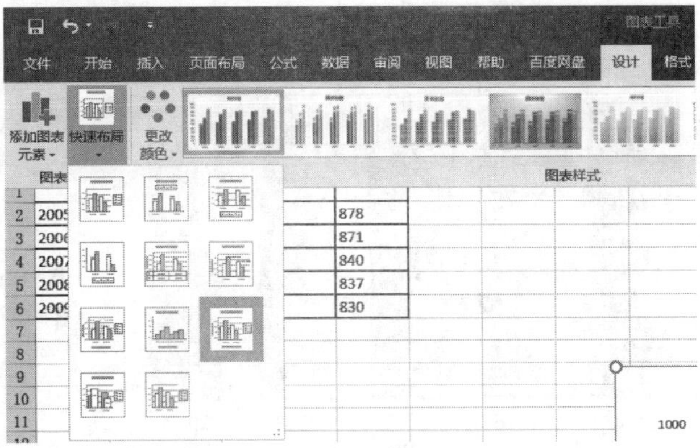


图 10-18　“图表工具”选项卡

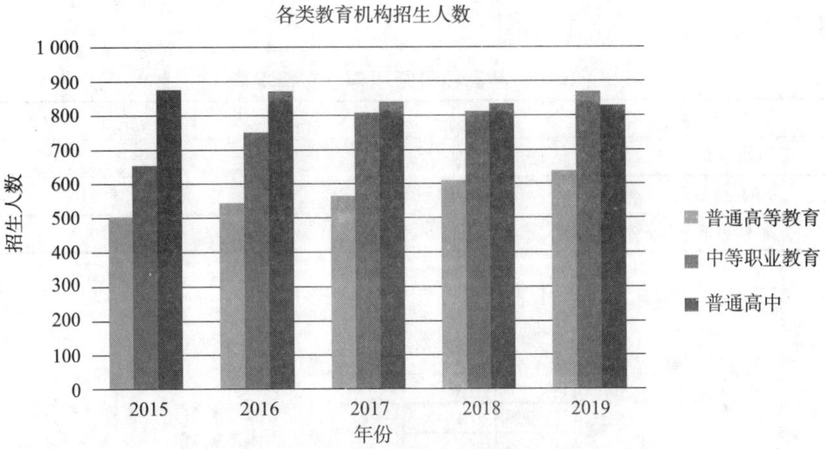


图 10-19　修改“标题”“横轴”“纵轴”

⑥如图 10-20 所示，右击图中某个系列的图标，在弹出的快捷菜单中选择“添加数据标签”，在图中显示每个系列的数值。

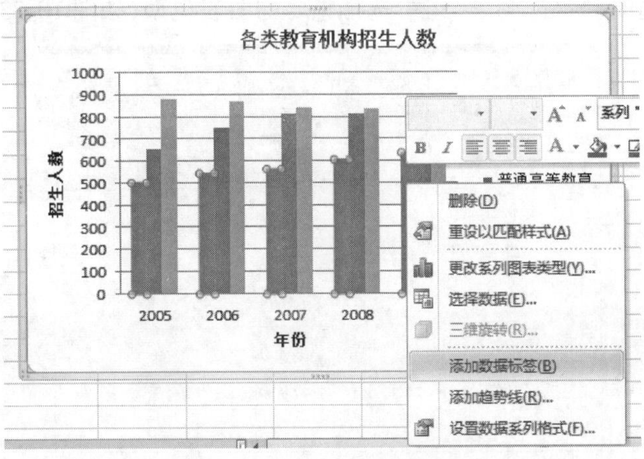


图 10-20　选择“添加数据标签”

⑦图表基本内容完成以后，需要修改某部分内容时，将鼠标指针移动到所修改部位，右击，在弹出的快捷菜单中选择，可进行相应的修改工作，最终建立的图表如图 10-21 所示。

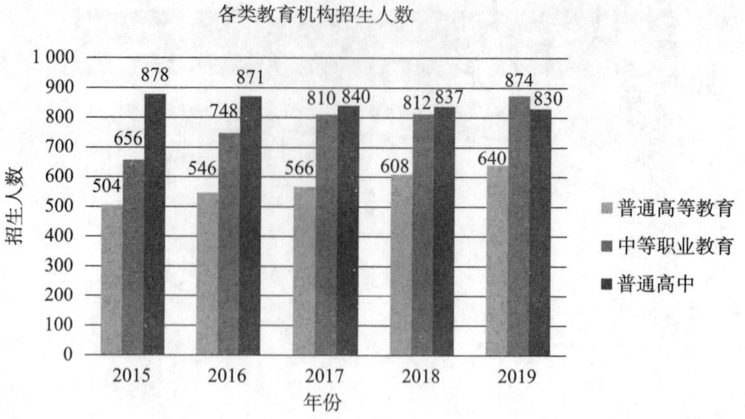


图 10-21 最终效果

(2)利用表 10-6 中的数据制作饼形图。

表 10-6 某高校教师职称分布情况表

| 职　称 | 比　例 |
| --- | --- |
| 高级职称 | 30% |
| 中级职称 | 60% |
| 初级职称 | 10% |

①将表 10-6 中的数据输入 Excel 表格中，如图 10-22 所示。

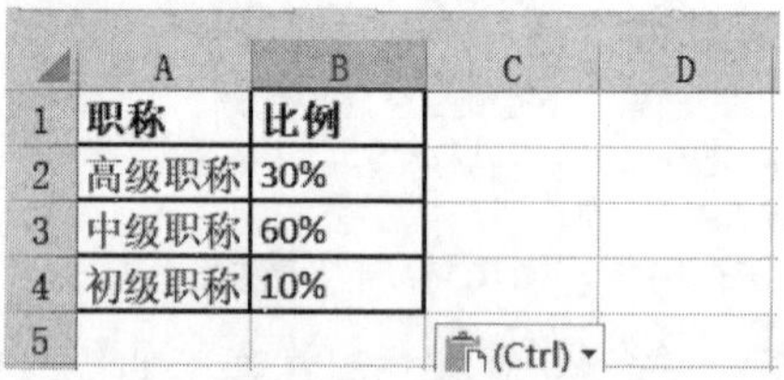


图 10-22 输入数据

②单击“插入”选项卡，在“图表”组中选择想要的图表类型，如图 10-23 所示。

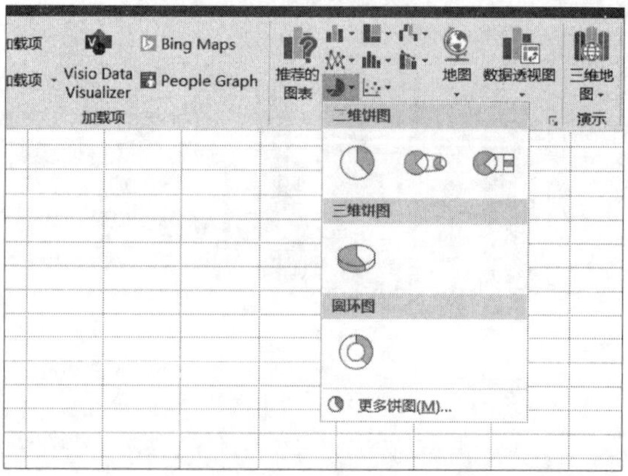


图 10-23 选择图表类型

③如图 10-24 所示，出现“选择数据源”对话框后，在“图表数据区域”中选择要建立图表的数据区域 A2:B4，再单击“下一步”按钮，如图 10-25 所示。

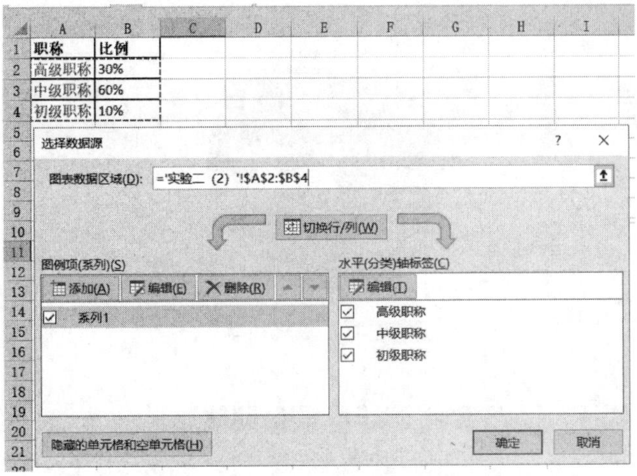


图 10-24　选择数据源

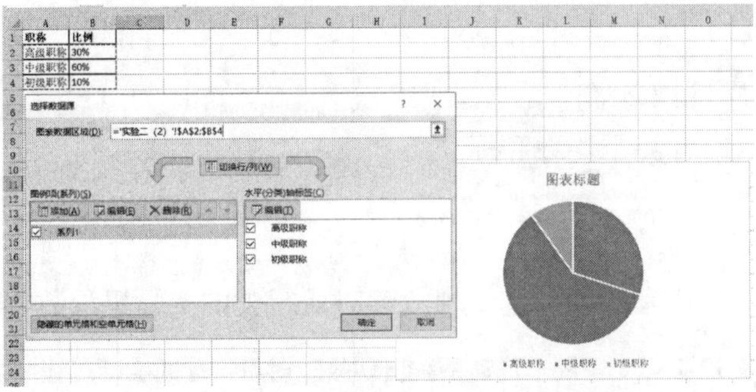


图 10-25　建立图表

④如图 10-26 所示，在“图表工具”中选择图表布局类型“布局 1”，如图 10-26 所示。

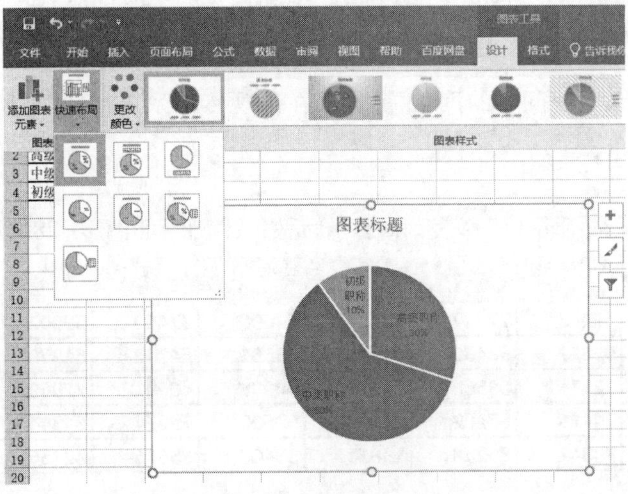


图 10-26　选择图表类型

⑤修改“图表标题”,并移动图中的数据位置,得到最终的饼形图,如图 10-27 所示。

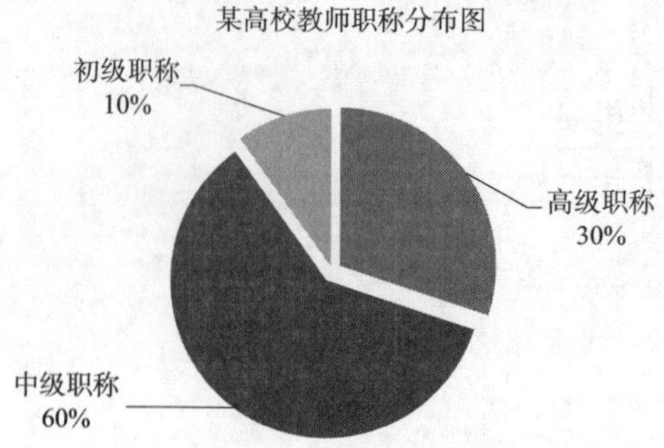


**图 10-27　最终结果**

## 实验 3　Excel 区间估计

**1. 实验目的**

掌握 Excel 区间估计方法。

**2. 实验要求**

(1)进入 Excel。

(2)使用直方图进行初步分析。

(3)利用“描述统计”计算平均数和标准差。

(4)进行区间估计。

**3. 实验内容**

表 10-7 所示为 50 辆汽车传动系统出现故障时所行驶的实际里程数。

**表 10-7　50 辆汽车传动系统出现故障时所行驶的实际里程数**

| | | | | | | | | | |
|---|---|---|---|---|---|---|---|---|---|
| 85 092 | 32 609 | 59 465 | 77 437 | 32 534 | 64 090 | 32 464 | 59 902 | 39 323 | 89 641 |
| 94 219 | 116 803 | 92 857 | 63 436 | 65 605 | 85 861 | 64 342 | 61 978 | 67 998 | 59 817 |
| 101 769 | 95 774 | 121 352 | 69 568 | 74 276 | 66 998 | 40 001 | 72 069 | 25 066 | 77 098 |
| 69 922 | 35 662 | 74 425 | 67 202 | 118 444 | 53 500 | 79 294 | 64 544 | 86 813 | 116 269 |
| 37 831 | 89 431 | 73 341 | 85 288 | 138 114 | 53 402 | 85 586 | 82 256 | 77 539 | 88 798 |

求曾经出现过传动系统问题的汽车总体中,在出现传动系统问题时,所行驶里程均值的概率保证度为 95% 的置信区间。

**4. 实验步骤**

(1)将分析数据输入 Excel 工作表 Sheet1 单元格 A1∶J5,如图 10-28 所示。

| | A | B | C | D | E | F | G | H | I | J |
|---|---|---|---|---|---|---|---|---|---|---|
| 1 | 85092 | 32609 | 59465 | 77437 | 32534 | 64090 | 32464 | 59902 | 39323 | 89641 |
| 2 | 94219 | 116803 | 92857 | 63436 | 65605 | 85861 | 64342 | 61978 | 67998 | 59817 |
| 3 | 101769 | 95774 | 121352 | 69568 | 74276 | 66998 | 40001 | 72069 | 25066 | 77098 |
| 4 | 69922 | 35662 | 74425 | 67202 | 118444 | 53500 | 79294 | 64544 | 86813 | 116269 |
| 5 | 37831 | 89431 | 73341 | 85288 | 138114 | 53402 | 85586 | 82256 | 77539 | 88798 |

**图 10-28　输入数据**

（2）利用"函数"分别计算平均值和标准差（步骤同实验一），得到计算结果为平均里程为 73 342.1，标准偏差为 24 899.9。

（3）进行区间估计。

①单击存放结果的单元格 E7。

②在单元格 E7 输入公式："=73 342.1-CONFIDENCE（0.05，24 899.9，50）"，其中函数 CONFIDENCE 功能为返回均值的置信区间，其使用方法同实验 1 中所讲函数的使用方法相同，然后再按【Enter】键，得到结果为 66 440.33（概率保证度 $F(t)=95\%$，$1-F(t)=0.05$）。

③在单元格 E8 输入公式："=73 342.1+CONFIDENCE（0.05，24 899.9，50）"，按【Enter】键，得到结果为 80 243.87。如图 10-29 所示。

| | A | B | C | D | E | F | G | H | I | J |
|---|---|---|---|---|---|---|---|---|---|---|
| 1 | 85092 | 32609 | 59465 | 77437 | 32534 | 64090 | 32464 | 59902 | 39323 | 89641 |
| 2 | 94219 | 116803 | 92857 | 63436 | 65605 | 85861 | 64342 | 61978 | 67998 | 59817 |
| 3 | 101769 | 95774 | 121352 | 69568 | 74276 | 66998 | 40001 | 72069 | 25066 | 77098 |
| 4 | 69922 | 35662 | 74425 | 67202 | 118444 | 53500 | 79294 | 64544 | 86813 | 116269 |
| 5 | 37831 | 89431 | 73341 | 85288 | 138114 | 53402 | 85586 | 82256 | 77539 | 88798 |
| 6 | | | | | | | | | | |
| 7 | 均值 | 73342.1 | | 上限 | 66440.33 | | | | | |
| 8 | 标准差 | 24899.9 | | 下限 | 80243.87 | | | | | |

**图 10-29　最终结果**

## 实验 4　相关与回归分析

### 1. 实验目的

（1）掌握用 Excel 一次性算出回归模型参数的方法和步骤。

（2）正确分析输出结果并得出正确的回归模型。

### 2. 实验内容

某地区 2012 年到 2020 年的人均收入和商品零售总额的数据如表 10-8 所示。

**表 10-8　地区 2012 年到 2020 年的人均收入和商品零售总额**

| 年　份 | 人均收入 $X$（元） | 商品零售总额（$Y$ 亿元） |
|---|---|---|
| 2012 | 450 | 26 |
| 2013 | 550 | 32 |
| 2014 | 680 | 44 |
| 2015 | 730 | 62 |
| 2016 | 810 | 70 |
| 2017 | 930 | 89 |
| 2018 | 1 050 | 103 |
| 2019 | 1 160 | 115 |
| 2020 | 1 250 | 128 |

①绘制散点图;②求解相关系数;③建立直线回归方程;④计算估计标准误差;⑤用回归方程进行预测;⑥当人均收入 $X=1\ 300$ 元时,预测商品零售总额为多少?

**3. 实验步骤**

(1)在 Excel 的工作表中输入表 10-8 所示的人均收入 $X$ 和商品零售总额 $Y$ 的样本数据。

(2)利用表 10-8 中的内容绘制散点图。由图 10-30 可以看出人均收入 $X$ 和商品零售总额 $Y$ 之间存在很明显的线性关系,可以建立一元线性回归模型。

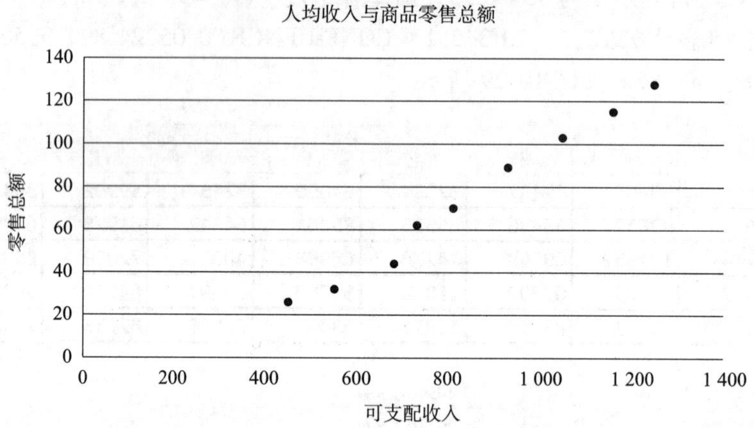


**图 10-30 人均收入与商品零售总额散点图**

(3)调出"数据分析"对话框,选择"回归"选项,如图 10-31 所示。

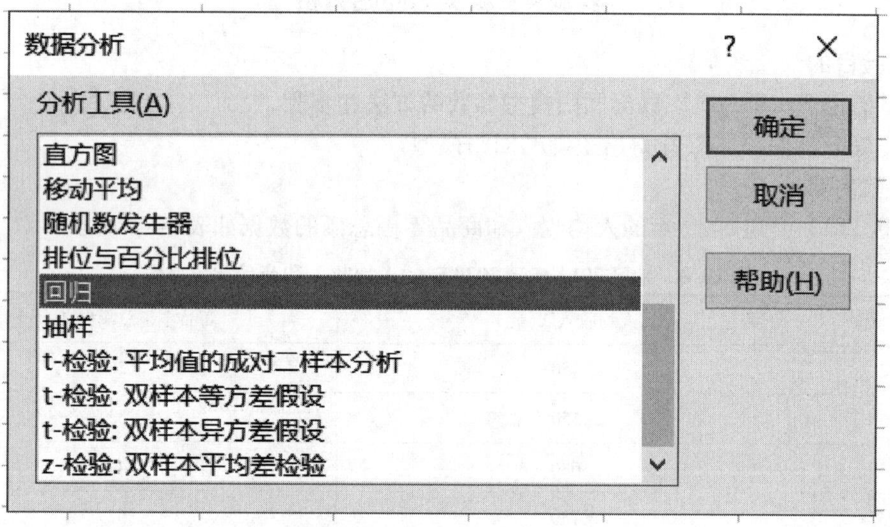


**图 10-31 "数据分析"对话框**

(4)单击图 10-32 所示对话框中的"确定"按钮,弹出"回归"对话框,在"Y 值输入区域",拖动鼠标选择 Y 样本值 C2 : C10,在"X 值输入区域",拖动鼠标选择 X 样本值 B2 : B10,"置信度"输入 95%,"输出区域"为 A12,如图 10-32 所示。

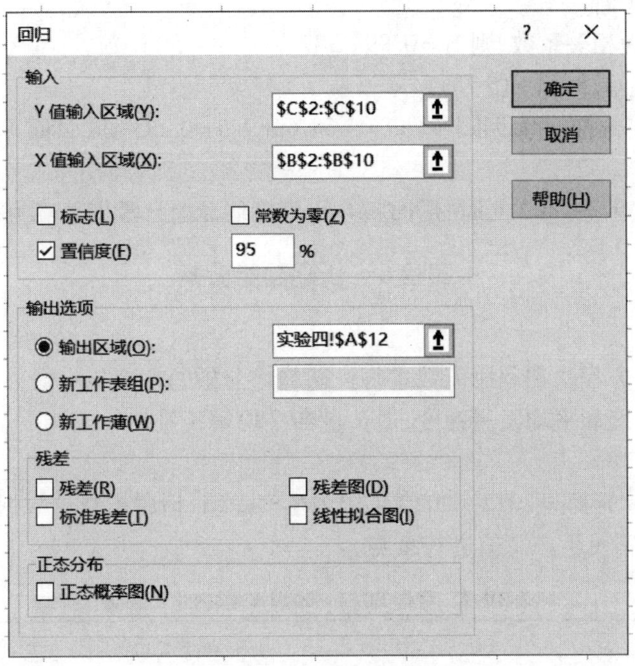


图 10-32　设置回归参数

(5)单击图 10-33 所示的“确定”按钮,弹出回归分析有关参数的窗口,如图 10-33 所示。

| | A | B | C | D | E | F | G | H | I | J | K |
|---|---|---|---|---|---|---|---|---|---|---|---|
| 1 | 年份 | 人均收入x（元） | 商品零售总额(Y亿元) | | | | | | | | |
| 2 | 2012 | 450 | 26 | | | | | | | | |
| 3 | 2013 | 550 | 32 | | | | | | | | |
| 4 | 2014 | 680 | 44 | | | | | | | | |
| 5 | 2015 | 730 | 62 | | | | | | | | |
| 6 | 2016 | 810 | 70 | | | | | | | | |
| 7 | 2017 | 930 | 89 | | | | | | | | |
| 8 | 2018 | 1050 | 103 | | | | | | | | |
| 9 | 2019 | 1160 | 115 | | | | | | | | |
| 10 | 2020 | 1250 | 128 | | | | | | | | |
| 11 | | | | | | | | | | | |
| 12 | SUMMARY OUTPUT | | | | | | | | | | |
| 13 | | | | | | | | | | | |
| 14 | 回归统计 | | | | | | | | | | |
| 15 | Multiple | 0.994377 | | | | | | | | | |
| 16 | R Square | 0.988786 | | | | | | | | | |
| 17 | Adjusted | 0.987184 | | | | | | | | | |
| 18 | 标准误差 | 4.15759 | | | | | | | | | |
| 19 | 观测值 | 9 | | | | | | | | | |
| 20 | | | | | | | | | | | |
| 21 | 方差分析 | | | | | | | | | | |
| 22 | | df | SS | MS | F | gnificance F | | | | | |
| 23 | 回归分析 | 1 | 10669 | 10669 | 617.2205 | 4.37E-08 | | | | | |
| 24 | 残差 | 7 | 120.9989 | 17.28556 | | | | | | | |
| 25 | 总计 | 8 | 10790 | | | | | | | | |
| 26 | | | | | | | | | | | |
| 27 | | Coefficien | 标准误差 | t Stat | P-value | Lower 95% | Upper 95% | 下限 95.0% | 上限 95.0% | | |
| 28 | Intercept | -38.6817 | 4.755419 | -8.13423 | 8.19E-05 | -49.9264 | -27.4369 | -49.9264 | -27.4369 | | |
| 29 | X Variabl | 0.133658 | 0.00538 | 24.84392 | 4.37E-08 | 0.120936 | 0.146379 | 0.120936 | 0.146379 | | |

图 10-33　回归分析有关参数的窗口

**4. 实验结果**

(1)"Multiple"为相关系数,则 R = 0. 994 377。

(2)估计标准误差, $S_y = 4.15\,759$。

(3)由图 10-34 中数据可得,回归参数 $a = -38.681\,7$, $b = 0.133\,658$,回归方程为 $Y = -38.681\,7 + 0.133\,658X$。

(4)当人均收入 $X = 1\,300$ 元时,用回归方程可以估计商品零售总额为 135. 073 7 元。

## 实验 5 长期趋势分析

**1. 实验目的**

(1)掌握用趋势方程法和利用函数进行长期趋势分析的方法与步骤。

(2)测定发展速度和平均发展速度、增长量和平均增长量。

**2. 实验内容**

(1)表 10-9 所示为我国 2012—2020 年国内生产总值,请根据所给数据,分别用趋势方程法和函数对 2023 年的国民生产总值进行预测。

**表 10-9 我国 2012—2020 年国内生产总值**

| 年 份 | 国内生产总值(亿元) |
|---|---|
| 2012 | 538 580 |
| 2013 | 592 963 |
| 2014 | 643 563 |
| 2015 | 688 858 |
| 2016 | 746 395 |
| 2017 | 832 035 |
| 2018 | 919 281 |
| 2019 | 986 515 |
| 2020 | 1 015 986 |

(2)计算发展速度和平均发展速度、增长量和平均增长量的值。

**3. 实验步骤**

1)趋势方程法

(1)调出"数据分析"对话框,选择"回归"选项,弹出"回归"对话框,在"Y 值输入区域",拖动鼠标选择国内生产总值 B2 : B10,在"X 值输入区域",拖动鼠标选择年份值 A2 : A10,"置信度"输入 95%,"输出区域"为 C2,如图 10-34 所示。

(2)单击图 10-34 中的"确定"按钮,弹出回归分析有关参数及模型拟合值图,如图 10-35 所示。

(3)由图 10-36 中数据可得: $a = -126\,398\,607.5$, $b = 63\,081.55$;直线趋势方程 $Y = -126\,398\,607.5 + 63\,081.55\,t$,将 $t = 2\,023$ 带入趋势方程可得,2023 年我国国内生产总值的预测值为 1 215 368. 183。

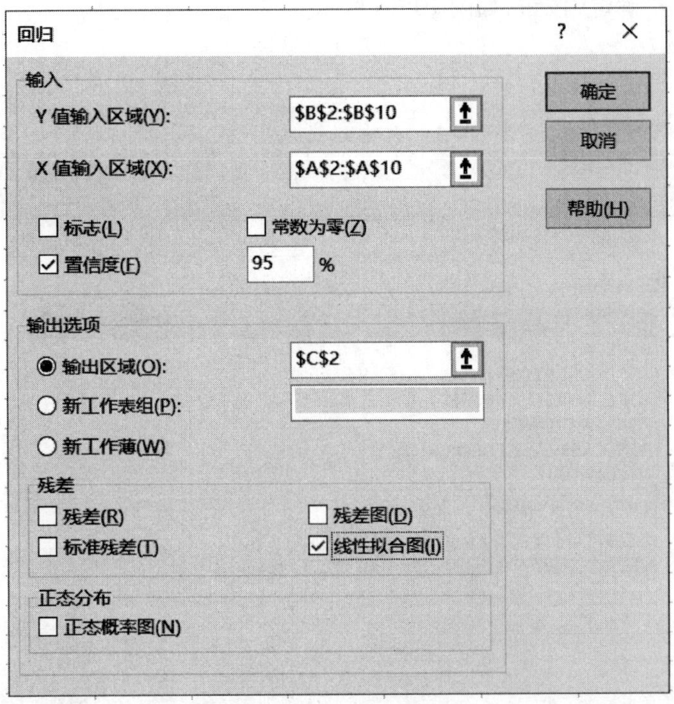


图 10-34 回归参数设置

| 年份 | 国内生产总值（亿元） |
|---|---|
| 2012 | 538580 |
| 2013 | 592963 |
| 2014 | 643563 |
| 2015 | 688858 |
| 2016 | 746395 |
| 2017 | 832035 |
| 2018 | 919281 |
| 2019 | 986515 |
| 2020 | 1015986 |

SUMMARY OUTPUT

| 回归统计 | |
|---|---|
| Multiple R | 0.994477305 |
| R Square | 0.988985109 |
| Adjusted R Square | 0.987411553 |
| 标准误差 | 19490.55392 |
| 观测值 | 9 |

方差分析

| | df | SS | MS | F | ignificance F |
|---|---|---|---|---|---|
| 回归分析 | 1 | 2.3876E+11 | 2.38757E+11 | 628.5033522 | 4.09951E-08 |
| 残差 | 7 | 2659171846 | 379881692.3 | | |
| 总计 | 8 | 2.4142E+11 | | | |

| | Coefficients | 标准误差 | t Stat | P-value | Lower 95% | Upper 95% | 下限 95.0% | 上限 95.0% |
|---|---|---|---|---|---|---|---|---|
| Intercept | -126398607.5 | 5072703.06 | -24.9174071 | 4.27667E-08 | -138393644 | -114403570.8 | -138393644 | -114403570.8 |
| X Variable 1 | 63081.55 | 2516.21969 | 25.06996913 | 4.09951E-08 | 57131.63589 | 69031.46411 | 57131.63589 | 69031.46411 |

RESIDUAL OUTPUT

| 观测值 | 预测 Y | 残差 |
|---|---|---|
| 1 | 521471.1333 | 17108.8667 |
| 2 | 584552.6833 | 8410.31667 |
| 3 | 647634.2333 | -4071.2333 |
| 4 | 710715.7833 | -21857.783 |
| 5 | 773797.3333 | -27402.333 |
| 6 | 836878.8833 | -4843.8833 |
| 7 | 899960.4333 | 19320.5667 |
| 8 | 963041.9833 | 23473.0167 |
| 9 | 1026123.533 | -10137.533 |

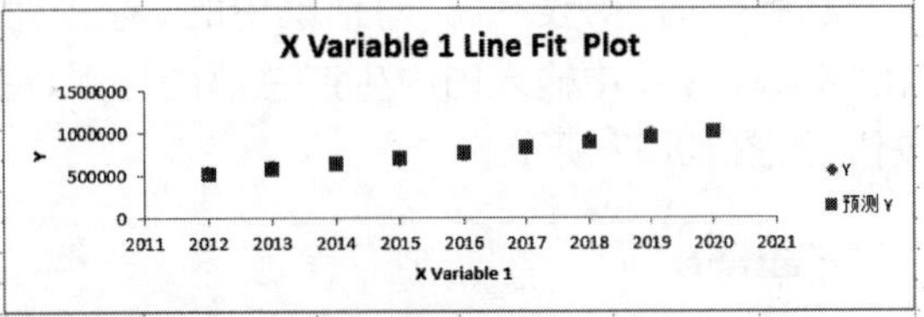


图 10-35 回归分析有关参数及模型拟合值图

2)利用函数进行趋势预测

(1)调出“插入函数”对话框，在“或选择类别”中选择“推荐”，在“选择函数”中选择

"FORECAST",单击"确定"按钮,如图 10-36 所示。

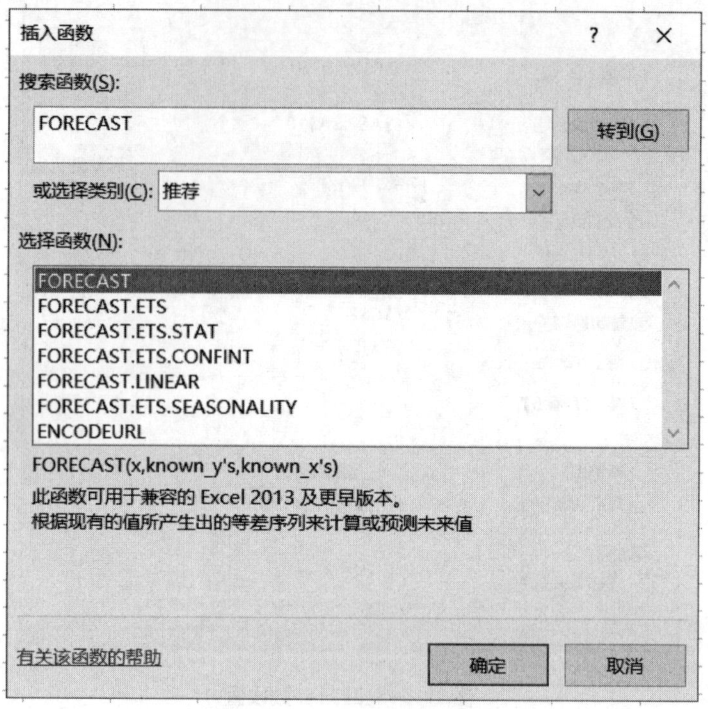


图 10-36 "插入函数"对话框

(2)在弹出的"函数参数"对话框中的"X"中输入预测期的时间代码"2023"。

在"Known-y's"中输入国内生产总值的样本数据;在"Known-x's"中输入时间代码;单击"确定"按钮,如图 10-37 所示。

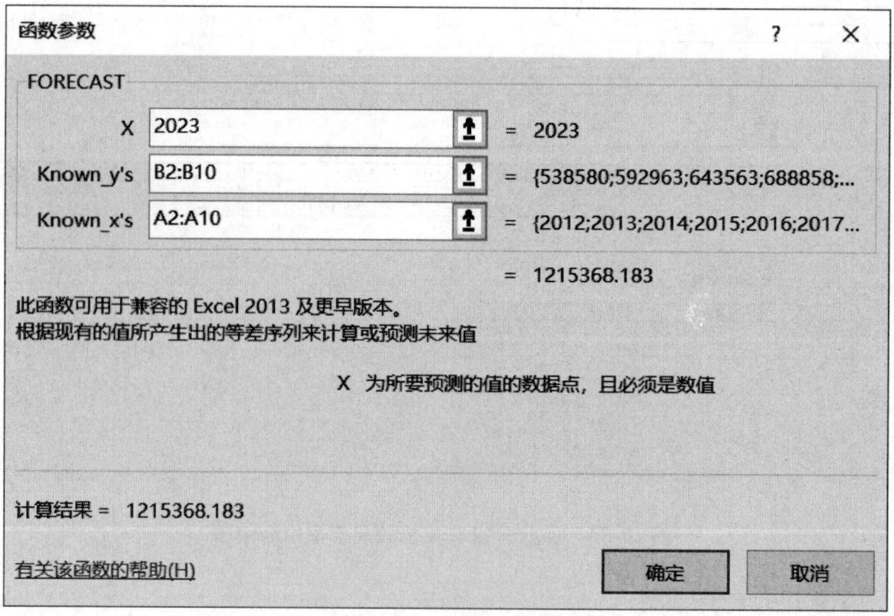


图 10-37 "函数参数"对话框

(3)最后返回的数值“1215368. 183”即为对 2023 年我国国内生产总值的预测值。

3)测定增长量和平均增长量

根据 2014—2020 年我国国内生产总值(见表 10-10),计算逐期增长量、累计增长量和平均增长量。

**表 10-10　2014—2020 年我国国内生产总值**

| 年　　份 | 国内生产总值(亿元) |
|---|---|
| 2014 | 643 563 |
| 2015 | 688 858 |
| 2016 | 746 395 |
| 2017 | 832 035 |
| 2018 | 919 281 |
| 2019 | 986 515 |
| 2020 | 1 015 986 |

计算步骤如下:

第一步:在 A 列输入年份,在 B 列输入国内生产总值。

第二步:计算逐期增长量:在 C3 中输入公式“ = B3 - B2”,并拖动鼠标将公式复制到 C3 : C8 区域。

第三步:计算累计增长量:在 D3 中输入公式“ = B3 - $ B $ 2”,并拖动鼠标将公式复制到 D3 : D8 区域。

第四步:计算平均增长量(水平法):在 C10 中输入公式“ =(B8 - B2)/7”,按【Enter】键,即可得到平均增长量,如图 10-38 所示。

| | A | B | C | D |
|---|---|---|---|---|
| 1 | 年份 | 国内生产总值（亿元） | 逐期增长量 | 累积增长量 |
| 2 | 2014 | 643563 | | |
| 3 | 2015 | 688858 | 45295 | 45295 |
| 4 | 2016 | 746395 | 57537 | 102832 |
| 5 | 2017 | 832035 | 85640 | 188472 |
| 6 | 2018 | 919281 | 87246 | 275718 |
| 7 | 2019 | 986515 | 67234 | 342952 |
| 8 | 2020 | 1015986 | 29471 | 372423 |
| 9 | | | | |
| 10 | | 平均增长量 | 53203 | |

**图 10-38　用 Excel 计算增长量和平均增长量资料及结果**

4)测定发展速度和平均发展速度

以 2014—2020 年我国国内生产总值为例,说明如何计算定基发展速度、环比发展速度和平均发展速度,如图 10-39 所示。

| | A | B | C | D |
|---|---|---|---|---|
| 1 | 年份 | 国内生产总值（亿元） | 定基发展速度 | 环比发展速度 |
| 2 | 2014 | 643563 | | |
| 3 | 2015 | 688858 | 1.0704 | 1.0704 |
| 4 | 2016 | 746395 | 1.1598 | 1.0835 |
| 5 | 2017 | 832035 | 1.2929 | 1.1147 |
| 6 | 2018 | 919281 | 1.4284 | 1.1049 |
| 7 | 2019 | 986515 | 1.5329 | 1.0731 |
| 8 | 2020 | 1015986 | 1.5787 | 1.0299 |
| 9 | | | | |
| 10 | 平均发展速度 | | 1.0791 | |

**图 10-39　计算定基发展速度、环比发展速度和平均发展速度**

计算步骤如下：

第一步：在 A 列输入年份，在 B 列输入国内生产总值。

第二步：计算定基发展速度：在 C3 中输入公式“ = B3/$B$2”，并拖动鼠标将公式复制到 C3：C8 区域。

第三步：计算环比发展速度：在 D3 中输入公式“ = B3/B2”，并拖动鼠标将公式复制到 D3：D8 区域。

第四步：计算平均发展速度（水平法）：选中 C10 单元格，调出“插入函数”对话框，选择 GEOMEAN（返回几何平均值）函数，在数值区域中输入 D3：D8 即可。

## 实验 6　Excel 综合指数计算实验

**1. 实验目的**

（1）掌握综合指数的计算原理。

（2）学会应用 Excel 软件进行综合指数计算。

**2. 实验要求**

（1）复习综合指数的计算及 Excel 的基本操作方法。

（2）认真观察实验结果，记录结果，并对实验结果作简要分析总结。

**3. 实验内容**

表 10-11 是五种商品的销售资料。

**表 10-11　商品销售额计算表**

| 商品类别 | 计量单位 | 商品价格（元） | | 销售量 | |
|---|---|---|---|---|---|
| | | $p_0$ | $p_1$ | $q_0$ | $q_1$ |
| 大米 | 百公斤 | 300.0 | 360.0 | 2 400 | 2 600 |
| 猪肉 | 公斤 | 18.0 | 20.0 | 84 000 | 95 000 |
| 食盐 | 500 克 | 1.0 | 0.8 | 10 000 | 15 000 |
| 服装 | 件 | 100.0 | 130.0 | 24 000 | 23 000 |
| 电视机 | 台 | 4 500.0 | 4 300.0 | 510 | 612 |
| 合计 | — | — | — | — | — |

要求计算价格指数和销售量指数。

**4. 实验步骤**

(1)输入相关数据,如图 10-40 所示。

| | A | B | C | D | E |
|---|---|---|---|---|---|
| 1 | | P0 | P1 | Q0 | Q1 |
| 2 | 大米 | 300 | 360 | 2400 | 2600 |
| 3 | 猪肉 | 18 | 20 | 84000 | 95000 |
| 4 | 食盐 | 1 | 0.8 | 10000 | 15000 |
| 5 | 服装 | 100 | 130 | 24000 | 23000 |
| 6 | 电视机 | 4500 | 4300 | 510 | 612 |

图 10-40　相关数据

(2)在 G3 单元格中输入公式“ = C3 * E3”,在 H3 单元格中输入公式“ = D3 * F3”,在 I3 单元格中输入公式“ = C3 * F3”,在 J3 单元格中输入公式“ = D3 * E3”。

(3)选定 G3:J7 单元格,进行“向下填充”,将 G3、H3、I3、J3 单元格中的公式复制到它们下面四行的单元格中。

(4)在 B9 单元格中输入公式“ = I8/G8”,在 B10 单元格中输入公式“ = H8/I8”,在 B11 单元格中输入公式“ = H8/G8”,即可得到如图 10-41 所示结果。

| A | B | C | D | E | F | G | H | I | J |
|---|---|---|---|---|---|---|---|---|---|
| 商品 | 计量 | 商品价格(元) | | 销售量 | | | | | |
| 类别 | 单位 | $p_0$ | $p_1$ | $q_0$ | $q_1$ | $p_0q_0$ | $p_1q_1$ | $p_0q_1$ | $p_1q_0$ |
| 大米 | 百公斤 | 300 | 360 | 2400 | 2600 | 720000 | 936000 | 780000 | 864000 |
| 猪肉 | 公斤 | 18 | 20 | 84000 | 95000 | 1512000 | 1900000 | 1710000 | 1680000 |
| 食盐 | 500克 | 1 | 0.8 | 10000 | 15000 | 10000 | 12000 | 15000 | 8000 |
| 服装 | 件 | 100 | 130 | 24000 | 23000 | 2400000 | 2990000 | 2300000 | 3120000 |
| 电视机 | 台 | 4500 | 4300 | 510 | 612 | 2295000 | 2631600 | 2754000 | 2193000 |
| 合计 | — | — | — | — | — | 6937000 | 8469600 | 7559000 | 7865000 |
| 销售量总指数Kq | 1.089664 | | | | | | | | |
| 价格总指数Kp | 1.120466 | | | | | | | | |
| 销售额总指数Kpq | 1.220931 | | | | | | | | |

图 10-41　计算结果

**5. 实验结果**

(1)销售量指数为 108.966 4%,报告期与基期比较,五种商品销售量平均上升了 8.966 4%。

(2)价格指数为 112.046 6%,报告期与基期比较,五种商品价格平均上升了 12.046 6%。

(3)销售额指数为 122.093 1%,报告期与基期比较,五种商品销售额平均上升了 22.093 1%。

## 10.2 SPSS 在统计中的应用

### 实验 1 SPSS 的应用(统计图绘制)

本节将举例说明如何根据原始数据,利用 SPSS 绘制直方图和散点图。

**1. 直方图**

根据抽样调查的结果,某小区 60 户居民家庭的食品消费支出(单位:元)的资料如表 10-12 所示。

**表 10-12 60 户居民家庭的食品消费支出**

| | | | | | |
|---|---|---|---|---|---|
| 753 | 663 | 708 | 500 | 948 | 647 |
| 845 | 790 | 715 | 612 | 827 | 835 |
| 740 | 925 | 643 | 650 | 910 | 770 |
| 723 | 589 | 661 | 840 | 698 | 878 |
| 891 | 683 | 545 | 778 | 760 | 578 |
| 860 | 776 | 671 | 777 | 623 | 569 |
| 563 | 700 | 780 | 775 | 415 | 805 |
| 556 | 703 | 708 | 889 | 523 | 816 |
| 670 | 639 | 667 | 653 | 763 | 768 |
| 998 | 807 | 701 | 631 | 738 | 775 |

将这些原始数据录入并保存为数据文件“食品消费支出 . sav”。

操作步骤:运行 SPSS 软件,在窗口第一列“变量”下方输入上述 60 个数据,然后双击“变量”更改变量名称为“食品消费支出”,再将文件保存为“食品消费支出 . sav”,如图 10-42 和图 10-43 所示。

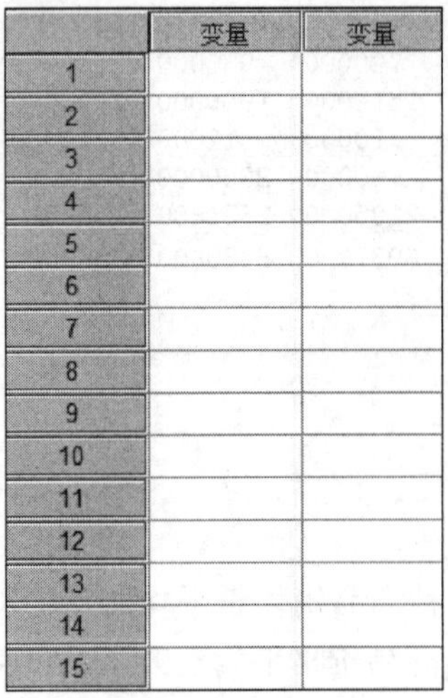

| | 变量 | 变量 |
|---|---|---|
| 1 | | |
| 2 | | |
| 3 | | |
| 4 | | |
| 5 | | |
| 6 | | |
| 7 | | |
| 8 | | |
| 9 | | |
| 10 | | |
| 11 | | |
| 12 | | |
| 13 | | |
| 14 | | |
| 15 | | |

图 10-42 运行 SPSS 软件

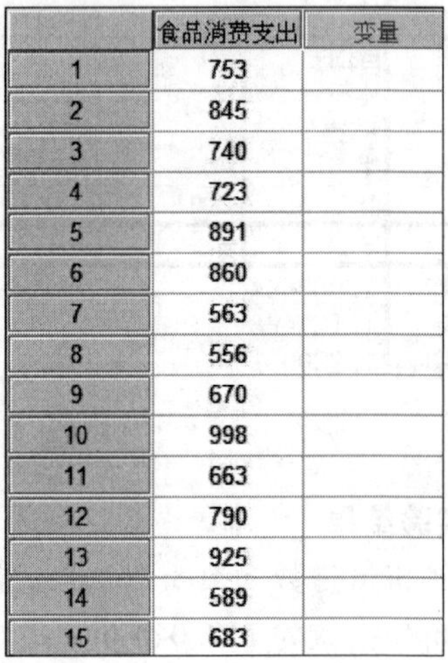

| | 食品消费支出 | 变量 |
|---|---|---|
| 1 | 753 | |
| 2 | 845 | |
| 3 | 740 | |
| 4 | 723 | |
| 5 | 891 | |
| 6 | 860 | |
| 7 | 563 | |
| 8 | 556 | |
| 9 | 670 | |
| 10 | 998 | |
| 11 | 663 | |
| 12 | 790 | |
| 13 | 925 | |
| 14 | 589 | |
| 15 | 683 | |

图 10-43 输入数据

然后依次选择“图形→旧对话框→直方图”，SPSS 即可自动生成图 10-44 所示的直方图。

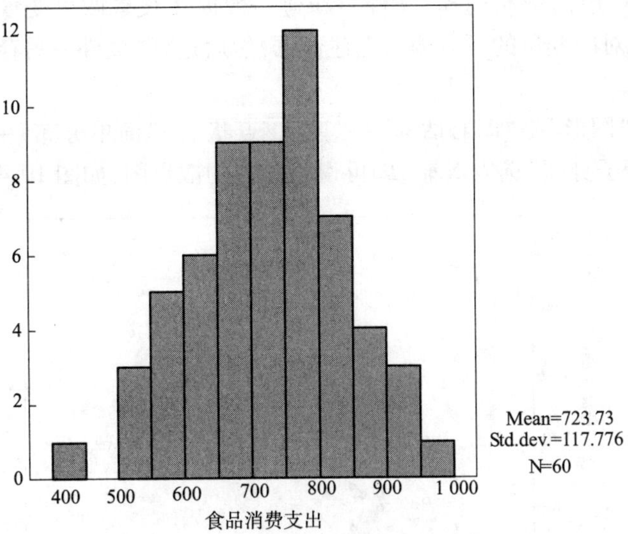


**图 10-44　直方图**

**2. 散点图**

散点图可以反映两个或多个变量的依存关系。以下结合具体例子说明两个变量情形下的散点图的绘制步骤。

根据抽样调查的结果，搜集到某小区 96 对夫妻身高的资料如表 10-13 所示。

**表 10-13　某小区 96 对夫妻身高**　　单位：cm

| 丈夫 | 妻子 | 丈夫 | 妻子 | 丈夫 | 妻子 | 丈夫 | 妻子 | 丈夫 | 妻子 | 丈夫 | 妻子 |
|---|---|---|---|---|---|---|---|---|---|---|---|
| 186 | 175 | 168 | 167 | 180 | 166 | 162 | 156 | 181 | 175 | 176 | 161 |
| 180 | 168 | 183 | 174 | 188 | 181 | 192 | 180 | 170 | 169 | 168 | 162 |
| 160 | 154 | 188 | 173 | 153 | 148 | 185 | 167 | 161 | 149 | 169 | 162 |
| 186 | 166 | 166 | 164 | 179 | 169 | 163 | 157 | 188 | 176 | 184 | 176 |
| 163 | 162 | 180 | 163 | 175 | 170 | 185 | 167 | 181 | 165 | 171 | 160 |
| 172 | 152 | 176 | 163 | 165 | 157 | 170 | 157 | 156 | 143 | 161 | 158 |
| 192 | 179 | 185 | 171 | 156 | 162 | 176 | 168 | 161 | 158 | 185 | 175 |
| 170 | 163 | 169 | 161 | 185 | 174 | 176 | 167 | 152 | 141 | 184 | 174 |
| 174 | 172 | 182 | 167 | 172 | 168 | 160 | 145 | 179 | 160 | 179 | 168 |
| 191 | 170 | 162 | 160 | 166 | 162 | 167 | 156 | 170 | 149 | 184 | 177 |
| 182 | 170 | 169 | 165 | 179 | 159 | 157 | 153 | 170 | 160 | 175 | 158 |
| 178 | 147 | 176 | 167 | 181 | 155 | 180 | 162 | 165 | 148 | 173 | 161 |
| 181 | 165 | 180 | 175 | 176 | 171 | 172 | 156 | 165 | 154 | 164 | 146 |
| 168 | 162 | 157 | 157 | 170 | 159 | 184 | 174 | 169 | 171 | 181 | 168 |
| 162 | 154 | 170 | 172 | 165 | 164 | 185 | 160 | 171 | 165 | 187 | 178 |
| 188 | 166 | 186 | 181 | 183 | 175 | 165 | 152 | 192 | 175 | 181 | 170 |

对于表 10-13 中两个变量的情形，简单形式的散点操作步骤如下：

首先，运行 SPSS 软件，依次选择"文件→新建→数据"，设置两个变量，分别为"丈夫身高""妻子身高"；接着在对应变量的下方输入上述数据，然后选择"文件→另存为"，保存为"夫妻身高 . sav"。

然后，依次选择"图形"→"旧对话框"→"散点/点状"→"简单分布"→"定义"后，将"丈夫身高"选入 Y 轴，"妻子身高"选入 X 轴，即可得到对应的散点图，如图 10-45 所示。

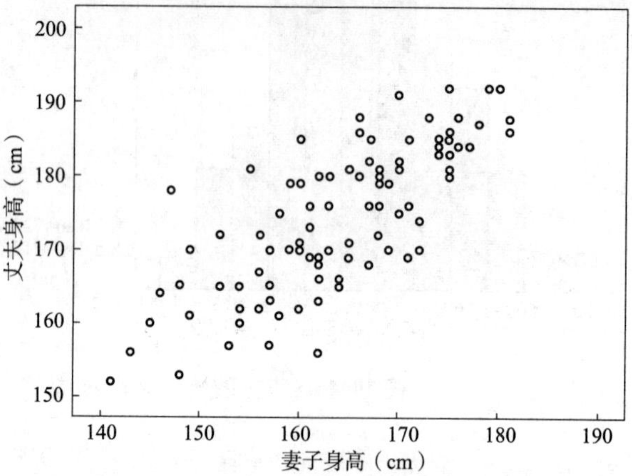


**图 10-45　散点图**

## 实验 2　SPSS 的应用（均值、变异指标）

经调查，50 名健康女大学生的血清总蛋白含量如表 10-14 所示，试计算数据的最大值、最小值、平均值、中位数、众数、标准差和方差等平均和变异指标。

**表 10-14　50 名健康女大学生的血清总蛋白含量**

单位：10 g/L

| | | | | |
|---|---|---|---|---|
| 7.43 | 7.88 | 6.88 | 7.80 | 7.04 |
| 7.95 | 7.56 | 7.50 | 7.88 | 7.20 |
| 7.50 | 7.35 | 7.88 | 7.43 | 7.58 |
| 7.35 | 7.50 | 7.20 | 6.43 | 7.58 |
| 7.58 | 7.58 | 6.88 | 7.65 | 7.04 |
| 7.04 | 7.20 | 7.65 | 7.43 | 7.65 |
| 7.35 | 7.95 | 7.35 | 7.47 | 6.50 |
| 6.72 | 7.65 | 7.27 | 7.04 | 7.72 |
| 7.58 | 7.35 | 7.50 | 7.27 | 7.35 |
| 7.35 | 7.95 | 7.04 | 7.65 | 7.27 |

步骤如下：

第一步，将数据输入 SPSS 软件的数据编辑器中，保存数据，并命名文件名为：实验二 . sav（提示：文件名称可以根据需要另行命名）。数据资料如图 10-46 所示。

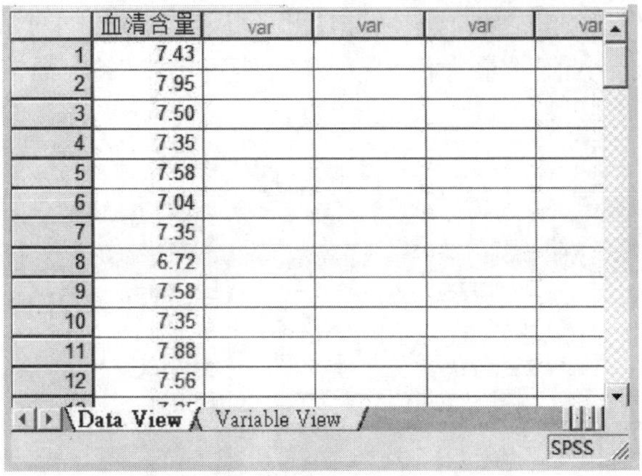


图 10-46　原始数据资料

第二步,选择“分析”→“描述统计”→“频率”命令,打开频数分析对话框,如图 10-47 所示,该对话框的主要功能是用来定义频数分析。

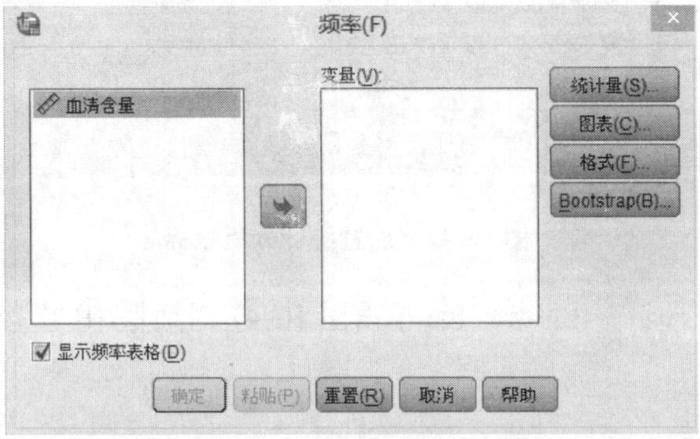


图 10-47　频数分析对话框

第三步,图 10-48 所示的话框上,有两个变量列表框,其中左边的变量框会给出数据文件中的全部变量列表,用户可以从中选择要进行频数分布分析的变量,将这些变量选中后单击[→]按钮使其进入“变量”列表框。如果同时选择多个变量,SPSS 就将分别产生多张频数分布表。在本例中,选择“血清含量”,然后再单击[→]按钮将其加入分析列表中。同时取消选择“显示频率表格”复选框,结果如图 10-48 所示。

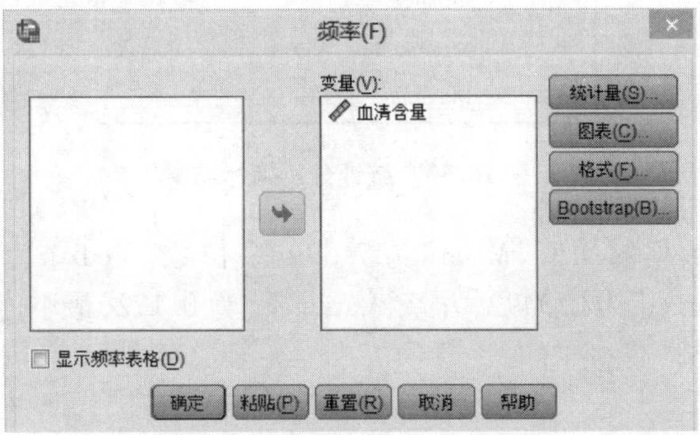


图 10-48　频数分析设置

第四步，单击对话框上的“统计量”按钮，打开图 10-49 所示的对话框，选择“均值”“中位数”“众数”“标准差”“最小值”“最大值”“方差”，然后单击“继续”按钮，返回图 10-47 的对话框。

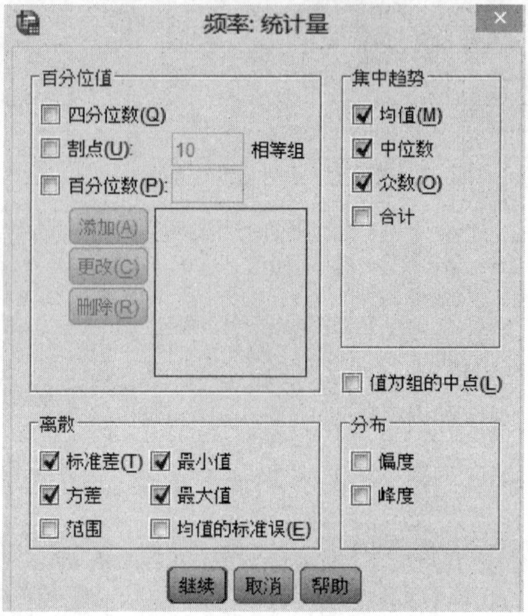


图 10-49　设置统计分析指标

第五步，设置好“统计量”中的参数后，单击图 10-47 对话框中的“确定”按钮，得到图 10-50 所示的结果。

Statistics

血清含量

| | | |
|---|---|---|
| N | Valid | 50 |
| | Missing | 0 |
| Mean | | 7.399 0 |
| Median | | 7.430 0 |
| Mode | | 7.35 |
| Std. Deviation | | .349 90 |
| Variance | | .122 |
| Minimum | | 6.43 |
| Maximum | | 7.95 |

图 10-50　统计分析指标结果

由图 10-50 可知，数据的均值“Mean”为 7. 399，中位数“Median”为 7. 43，众数“Mode”为 7. 35，标准差“Std. deviation”为 0. 3499，方差“Variance”为 0. 122，最小值“Minimum”为 6. 43，最大值“Maximum”为 7. 95。

## 实验 3　SPSS 的应用(相关分析)

下面将根据表 10-15 资料的数据,运用 SPSS 软件对 2012—2021 年间居民消费水平与金融机构存款进行相关分析,计算相关系数、绘制散点图。

**表 10-15　2012—2021 年间居民消费水平与金融机构存款**

| 年份 | 居民消费水平(元)$X$ | 金融机构存款(亿元)$Y$ |
|---|---|---|
| 2012 | 14 074 | 917 555 |
| 2013 | 15 586 | 1 043 847 |
| 2014 | 17 220 | 1 138 645 |
| 2015 | 18 857 | 1 357 022 |
| 2016 | 20 801 | 1 505 864 |
| 2017 | 22 968 | 1 641 044 |
| 2018 | 25 245 | 1 775 226 |
| 2019 | 27 504 | 1 928 785 |
| 2020 | 27 439 | 2 125 721 |
| 2021 | 31 072 | 2 322 500 |
| 合计 | 220 766 | 15 756 208 |

**1. 建立数据文件**

定义变量"居民消费水平"与"金融机构存款",输入表 10-15 的数据,如图 10-51 所示,并进行保存。

| | 居民消费水平 | 金融机构存款 | 变量 | 变量 | 变量 | 变量 | 变量 | 变量 |
|---|---|---|---|---|---|---|---|---|
| 1 | 14074 | 917555 | | | | | | |
| 2 | 15586 | 1043847 | | | | | | |
| 3 | 17220 | 1138645 | | | | | | |
| 4 | 18857 | 1357022 | | | | | | |
| 5 | 20801 | 1505864 | | | | | | |
| 6 | 22968 | 1641044 | | | | | | |
| 7 | 25245 | 1775226 | | | | | | |
| 8 | 27504 | 1928785 | | | | | | |
| 9 | 27439 | 2125721 | | | | | | |
| 10 | 31072 | 2322500 | | | | | | |

**图 10-51　输入数据**

**2. 计算相关系数**

(1)选择"分析"→"相关"→"双变量",弹出"双变量相关"对话框,将变量"居民消费水平""金融机构存款"添加到右侧的"变量"栏内,然后在下方选择相关系数的种类,软件默认为 Pearson 相关系数,计算机显示界面如图 10-52 所示。

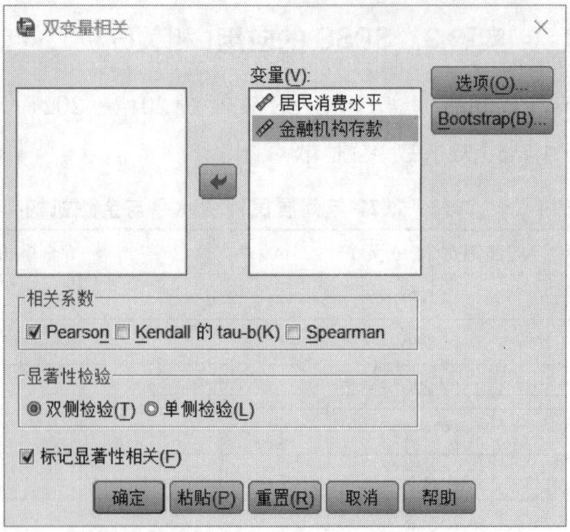


图 10-52 “两变量相关”对话框

(2)由表 10-16 可知,变量的 Pearson(皮尔逊)相关系数为 0.993。标记 ** 表示在 1% 的显著水平下相关系数显著。表 10-16 为二维相关系数表,居民消费水平、金融机构存款自身的相关系数为 1。

表 10-16 相关系数表

| | | 居民消费水平 | 金融机构存款 |
|---|---|---|---|
| 居民消费水平 | Pearson 相关性 | 1 | .993** |
| | 显著性(双侧) | | .000 |
| | N | 10 | 10 |
| 金融机构存款 | Pearson 相关性 | .993** | 1 |
| | 显著性(双侧) | .000 | |
| | N | 10 | 10 |

注:**,在 .01 水平(双侧)上显著相关。

### 3. 作散点图

绘制散点图,判断两变量是否存在线性关系。

(1)选择“图形”→“旧对话框”→“散点/点状”,弹出“散点图/点图”对话框,如图 10-53 所示,选择散点图的种类,此处可选择“简单分布”。

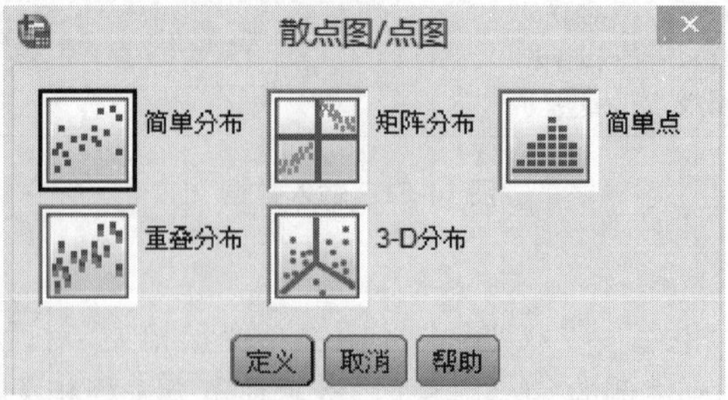


图 10-53 “散点图类型选择”对话框

（2）单击“定义”按钮，弹出“简单散点图”对话框。确定散点图坐标轴，将“金融机构存款”添加到 Y 轴，“居民消费水平”添加到 X 轴，如图 10-54 所示，单击“确定”按钮，输出散点图，如图 10-55 所示。

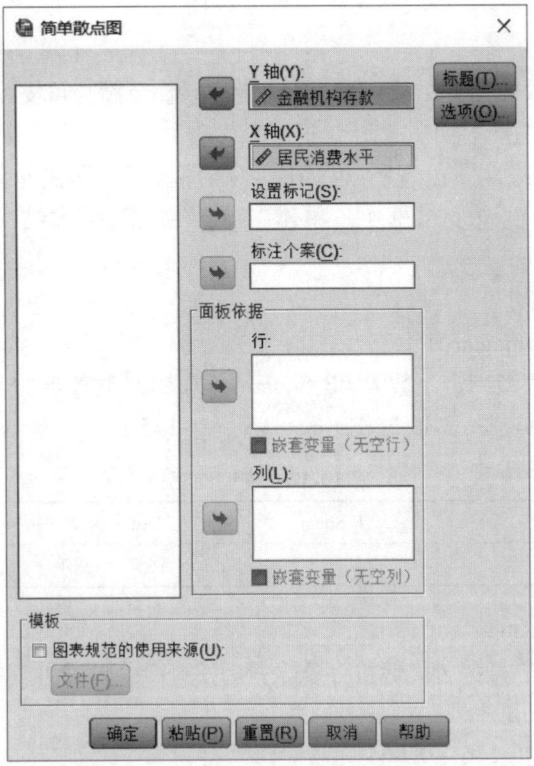


**图 10-54　“简单散点图”对话框**

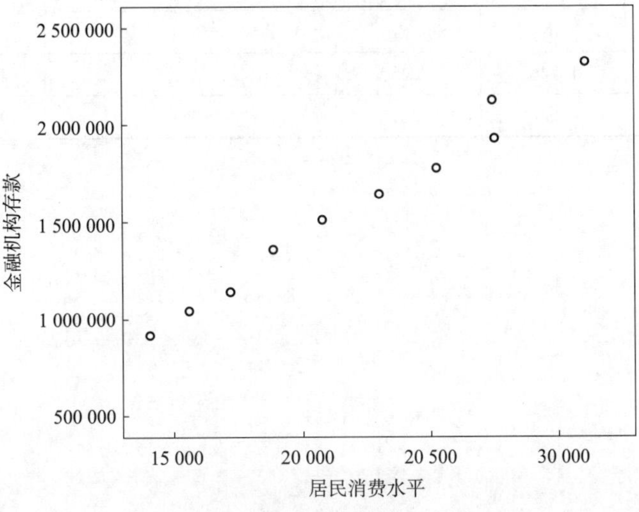


**图 10-55　散点图**

（3）由散点图图 10-55 可以发现，金融机构存款与居民消费水平之间存在正相关关系。

## 实验4 SPSS的应用(回归分析)

下面根据相关分析的资料数据(见表10-15),运用SPSS软件拟合回归方程,实现回归分析。

### 1. 计算回归方程

由散点图与相关系数的计算结果可知,变量储蓄存款余额与可支配收入之间存在明显的线性关系,由此可以对模型进行估计。

选择"分析→回归→线性",出现"线性回归"对话框。将"居民储蓄余额"添加到因变量框中,将"可支配收入"添加到自变量框中。单击"确定"按钮,输出结果如表10-17和表10-18所示。

### 2. 结果分析

1)模型摘要(Model Summary)

由表10-17可知,此模型判定系数$R^2$(R Square)=0.915,调整后的$R^2$(Adjusted R Square)=0.904。估计标准误差(Std. Error of the Estimate)$S_y$=0.135 1。

**表10-17 模型摘要**

| Model | *R* | *R* Square | Adjusted R Square | Std. Error of the Estimate |
|---|---|---|---|---|
| 1 | .957(a) | .915 | .904 | .1351 |

2)模型系数(coefficients)

如表10-18所示,用$y$表示居民储蓄存款余额,用$x$表示居民可支配收入,则回归参数$a$=1.146,$b$=0.065。

直线回归方程为:$y$=1.146+0.065

**表10-18 模型系数表**

| Model | | Unstandardized Coefficients | | Standardized Coefficients | *t* | Sig. |
|---|---|---|---|---|---|---|
| | | B | Std. Error | Beta | | |
| 1 | (Constant) | 1.146 | .245 | | 4.687 | .002 |
| | 可支配收入 | .065 | .007 | .957 | 9.276 | .000 |

# 附录A

# 标准正态分布临界值概率表

$$P(Z<z)=\int_{-\infty}^{z}\frac{1}{\sqrt{2\pi}}\exp\left(-\frac{1}{2}t^{2}\right)\mathrm{d}t$$

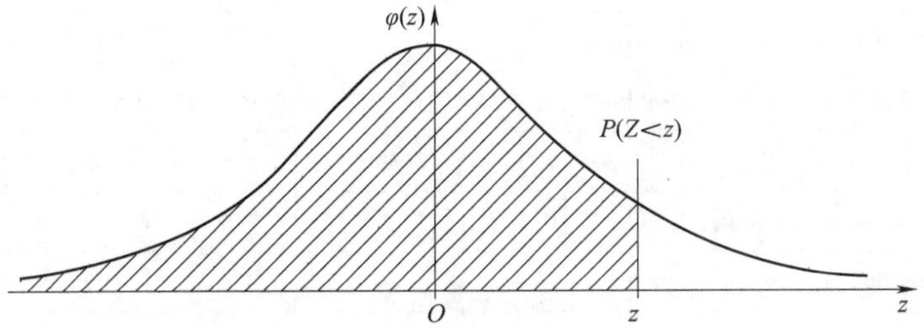


| z | 0.00 | 0.01 | 0.02 | 0.03 | 0.04 | 0.05 | 0.06 | 0.07 | 0.08 | 0.09 |
|---|---|---|---|---|---|---|---|---|---|---|
| 0.0 | 0.500 000 | 0.503 989 | 0.507 978 | 0.511 966 | 0.515 953 | 0.519 939 | 0.523 922 | 0.527 903 | 0.531 881 | 0.535 856 |
| 0.1 | 0.539 828 | 0.543 795 | 0.547 758 | 0.551 717 | 0.555 670 | 0.559 618 | 0.563 559 | 0.567 495 | 0.571 424 | 0.575 345 |
| 0.2 | 0.579 260 | 0.583 166 | 0.587 064 | 0.590 954 | 0.594 835 | 0.598 706 | 0.602 568 | 0.606 420 | 0.610 261 | 0.614 092 |
| 0.3 | 0.617 911 | 0.621 720 | 0.625 516 | 0.629 300 | 0.633 072 | 0.636 831 | 0.640 576 | 0.644 309 | 0.648 027 | 0.651 732 |
| 0.4 | 0.655 422 | 0.659 097 | 0.662 757 | 0.666 402 | 0.670 031 | 0.673 645 | 0.677 242 | 0.680 822 | 0.684 386 | 0.687 933 |
| 0.5 | 0.691 462 | 0.694 974 | 0.698 468 | 0.701 944 | 0.705 401 | 0.708 840 | 0.712 260 | 0.715 661 | 0.719 043 | 0.722 405 |
| 0.6 | 0.725 747 | 0.729 069 | 0.732 371 | 0.735 653 | 0.738 914 | 0.742 154 | 0.745 373 | 0.748 571 | 0.751 748 | 0.754 903 |
| 0.7 | 0.758 036 | 0.761 148 | 0.764 238 | 0.767 305 | 0.770 350 | 0.773 373 | 0.776 373 | 0.779 350 | 0.782 305 | 0.785 236 |
| 0.8 | 0.788 145 | 0.791 030 | 0.793 892 | 0.796 731 | 0.799 546 | 0.802 337 | 0.805 105 | 0.807 850 | 0.810 570 | 0.813 267 |
| 0.9 | 0.815 940 | 0.818 589 | 0.821 214 | 0.823 814 | 0.826 391 | 0.828 944 | 0.831 472 | 0.833 977 | 0.836 457 | 0.838 913 |
| 1.0 | 0.841 345 | 0.843 752 | 0.846 136 | 0.848 495 | 0.850 830 | 0.853 141 | 0.855 428 | 0.857 690 | 0.859 929 | 0.862 143 |
| 1.1 | 0.864 334 | 0.866 500 | 0.868 643 | 0.870 762 | 0.872 857 | 0.874 928 | 0.876 976 | 0.879 000 | 0.881 000 | 0.882 977 |
| 1.2 | 0.884 930 | 0.886 861 | 0.888 768 | 0.890 651 | 0.892 512 | 0.894 350 | 0.896 165 | 0.897 958 | 0.899 727 | 0.901 475 |
| 1.3 | 0.903 200 | 0.904 902 | 0.906 582 | 0.908 241 | 0.909 877 | 0.911 492 | 0.913 085 | 0.914657 | 0.916 207 | 0.917 736 |
| 1.4 | 0.919 243 | 0.920 730 | 0.922 196 | 0.923 641 | 0.925 066 | 0.926 471 | 0.927 855 | 0.929 219 | 0.930 563 | 0.931 888 |
| 1.5 | 0.933 193 | 0.934 478 | 0.935 745 | 0.936 992 | 0.938 220 | 0.939 429 | 0.940 620 | 0.941 792 | 0.942 947 | 0.944 083 |

续表

| $z$ | 0.00 | 0.01 | 0.02 | 0.03 | 0.04 | 0.05 | 0.06 | 0.07 | 0.08 | 0.09 |
|---|---|---|---|---|---|---|---|---|---|---|
| 1.6 | 0.945 201 | 0.946 301 | 0.947 384 | 0.948 449 | 0.949 497 | 0.950 529 | 0.951 543 | 0.952 540 | 0.953 521 | 0.954 486 |
| 1.7 | 0.955 435 | 0.956 367 | 0.957 284 | 0.958 185 | 0.959 070 | 0.959 941 | 0.960 796 | 0.961 636 | 0.962 462 | 0.963 273 |
| 1.8 | 0.964 070 | 0.964 852 | 0.965 620 | 0.966 375 | 0.967 116 | 0.967 843 | 0.968 557 | 0.969 258 | 0.969 946 | 0.970 621 |
| 1.9 | 0.971 283 | 0.971 933 | 0.972 571 | 0.973 197 | 0.973 810 | 0.974 412 | 0.975 002 | 0.975 581 | 0.976 148 | 0.976 705 |
| 2.0 | 0.977 250 | 0.977 784 | 0.978 308 | 0.978 822 | 0.979 325 | 0.979 818 | 0.980 301 | 0.980 774 | 0.981 237 | 0.981 691 |
| 2.1 | 0.982 136 | 0.982 571 | 0.982 997 | 0.983 414 | 0.983 823 | 0.984 222 | 0.984 614 | 0.984 997 | 0.985 371 | 0.985 738 |
| 2.2 | 0.986 097 | 0.986 447 | 0.986 791 | 0.987 126 | 0.987 455 | 0.987 776 | 0.988 089 | 0.988 396 | 0.988 696 | 0.988 989 |
| 2.3 | 0.989 276 | 0.989 556 | 0.989 830 | 0.990 097 | 0.990 358 | 0.990 613 | 0.990 863 | 0.991 106 | 0.991 344 | 0.991 576 |
| 2.4 | 0.991 802 | 0.992 024 | 0.992 240 | 0.992451 | 0.992 656 | 0.992 857 | 0.993 053 | 0.993 244 | 0.993 431 | 0.993 613 |
| 2.5 | 0.993 790 | 0.993 963 | 0.994 132 | 0.994 297 | 0.994 457 | 0.994 614 | 0.994 766 | 0.994 915 | 0.995 060 | 0.995 201 |
| 2.6 | 0.995 339 | 0.995 473 | 0.995 604 | 0.995 731 | 0.995 855 | 0.995 975 | 0.996 093 | 0.996 207 | 0.996 319 | 0.996 427 |
| 2.7 | 0.996 533 | 0.996 636 | 0.996 736 | 0.996 833 | 0.996 928 | 0.997 020 | 0.997 110 | 0.997 197 | 0.997 282 | 0.997 365 |
| 2.8 | 0.997 445 | 0.997 523 | 0.997 599 | 0.997 673 | 0.997 744 | 0.997 814 | 0.997 882 | 0.997 948 | 0.998 012 | 0.998 074 |
| 2.9 | 0.998 134 | 0.998 193 | 0.998 250 | 0.998 305 | 0.998 359 | 0.998 411 | 0.998 462 | 0.998 511 | 0.998 559 | 0.998 605 |
| 3.0 | 0.998 650 | 0.998 694 | 0.998 736 | 0.998 777 | 0.998 817 | 0.998 856 | 0.998 893 | 0.998 930 | 0.998 965 | 0.998 999 |
| 3.1 | 0.999 032 | 0.999 065 | 0.999 096 | 0.999 126 | 0.999 155 | 0.999 184 | 0.999 211 | 0.999 238 | 0.999 264 | 0.999 289 |
| 3.2 | 0.999 313 | 0.999 336 | 0.999 359 | 0.999 381 | 0.999 402 | 0.999 423 | 0.999 443 | 0.999 462 | 0.999 481 | 0.999 499 |
| 3.3 | 0.999 517 | 0.999 534 | 0.999 550 | 0.999 566 | 0.999 581 | 0.999 596 | 0.999 610 | 0.999 624 | 0.999 638 | 0.999 651 |
| 3.4 | 0.999 663 | 0.999 675 | 0.999 687 | 0.999 698 | 0.999 709 | 0.999 720 | 0.999 730 | 0.999 740 | 0.999 749 | 0.999 758 |
| 3.5 | 0.999 767 | 0.999 776 | 0.999 784 | 0.999 792 | 0.999 800 | 0.999 807 | 0.999 815 | 0.999 822 | 0.999 828 | 0.999 835 |
| 3.6 | 0.999 841 | 0.999 847 | 0.999 853 | 0.999 858 | 0.999 864 | 0.999 869 | 0.999 874 | 0.999 879 | 0.999 883 | 0.999 888 |
| 3.7 | 0.999 892 | 0.999 986 | 0.999 900 | 0.999 904 | 0.999 908 | 0.999 912 | 0.999 915 | 0.999 918 | 0.999 922 | 0.999 925 |
| 3.8 | 0.999 928 | 0.999 931 | 0.999 933 | 0.999 936 | 0.999 938 | 0.999 941 | 0.999 943 | 0.999 946 | 0.999 948 | 0.999 950 |
| 3.9 | 0.999 952 | 0.999 954 | 0.999 956 | 0.999 958 | 0.999 959 | 0.999 961 | 0.999 963 | 0.999 964 | 0.999 966 | 0.999 967 |
| 4.0 | 0.999 968 | 0.999 970 | 0.999 971 | 0.999 972 | 0.999 973 | 0.999 974 | 0.999 975 | 0.999 976 | 0.999 977 | 0.999 978 |
| 4.1 | 0.999 979 | 0.999 980 | 0.999 981 | 0.999 982 | 0.999 983 | 0.999 983 | 0.999 984 | 0.999 985 | 0.999 985 | 0.999 986 |
| 4.2 | 0.999 987 | 0.999 987 | 0.999 988 | 0.999 988 | 0.999 989 | 0.999 989 | 0.999 990 | 0.999 990 | 0.999 991 | 0.999 991 |
| 4.3 | 0.999 991 | 0.999 992 | 0.999 992 | 0.999 993 | 0.999 993 | 0.999 993 | 0.999 993 | 0.999 994 | 0.999 994 | 0.999 994 |
| 4.4 | 0.999 995 | 0.999 995 | 0.999 995 | 0.999 995 | 0.999 996 | 0.999 996 | 0.999 996 | 0.999 996 | 0.999 996 | 0.999 996 |
| 4.5 | 0.999 997 | 0.999 997 | 0.999 997 | 0.999 997 | 0.999 997 | 0.999 997 | 0.999 997 | 0.999 998 | 0.999 998 | 0.999 998 |
| 4.6 | 0.999 998 | 0.999 998 | 0.999 998 | 0.999 998 | 0.999 998 | 0.999 998 | 0.999 998 | 0.999 998 | 0.999 999 | 0.999 999 |
| 4.7 | 0.999 999 | 0.999 999 | 0.999 999 | 0.999 999 | 0.999 999 | 0.999 999 | 0.999 999 | 0.999 999 | 0.999 999 | 0.999 999 |
| 4.8 | 0.999 999 | 0.999 999 | 0.999 999 | 0.999 999 | 0.999 999 | 0.999 999 | 0.999 999 | 0.999 999 | 0.999 999 | 0.999 999 |
| 4.9 | 1.000 000 | 1.000 000 | 1.000 000 | 1.000 000 | 1.000 000 | 1.000 000 | 1.000 000 | 1.000 000 | 1.000 000 | 1.000 000 |

# 附录B

# $t$分布表

$$P\{t(n) > t_\alpha(n)\} = \alpha$$

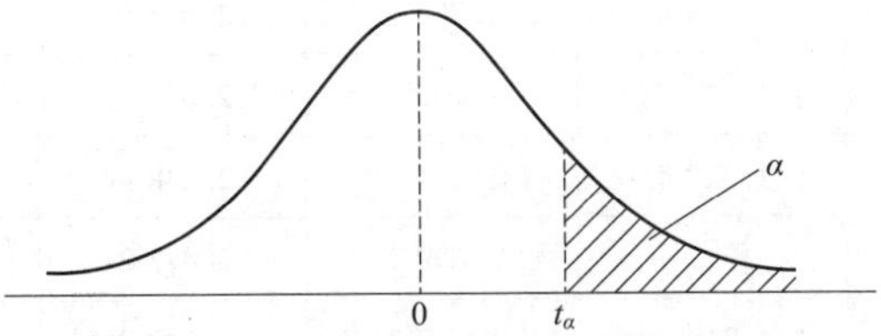


| 自由度 | 0.25 | 0.10 | 0.05 | 0.025 | 0.01 | 0.005 |
|---|---|---|---|---|---|---|
| 1 | 1.000 0 | 3.077 7 | 6.313 7 | 12.706 2 | 31.821 0 | 63.655 9 |
| 2 | 0.816 5 | 1.885 6 | 2.920 0 | 4.302 7 | 6.964 5 | 9.925 0 |
| 3 | 0.764 9 | 1.637 7 | 2.353 4 | 3.182 4 | 4.540 7 | 5.840 8 |
| 4 | 0.740 7 | 1.533 2 | 2.131 8 | 2.776 5 | 3.746 9 | 4.604 1 |
| 5 | 0.726 7 | 1.475 9 | 2.015 0 | 2.570 6 | 3.364 9 | 4.032 1 |
| 6 | 0.717 6 | 1.439 8 | 1.943 2 | 2.446 9 | 3.142 7 | 3.707 4 |
| 7 | 0.711 1 | 1.414 9 | 1.894 6 | 2.364 6 | 2.997 9 | 3.499 5 |
| 8 | 0.706 4 | 1.396 8 | 1.859 5 | 2.306 0 | 2.896 5 | 3.355 4 |
| 9 | 0.702 7 | 1.383 0 | 1.833 1 | 2.262 2 | 2.821 4 | 3.249 8 |
| 10 | 0.699 8 | 1.372 2 | 1.812 5 | 2.228 1 | 2.763 8 | 3.169 3 |
| 11 | 0.697 4 | 1.363 4 | 1.795 9 | 2.201 0 | 2.718 1 | 3.105 8 |
| 12 | 0.695 5 | 1.356 2 | 1.782 3 | 2.178 8 | 2.681 0 | 3.054 5 |
| 13 | 0.693 8 | 1.350 2 | 1.770 9 | 2.160 4 | 2.650 3 | 3.012 3 |
| 14 | 0.692 4 | 1.345 0 | 1.761 3 | 2.144 8 | 2.624 5 | 2.976 8 |
| 15 | 0.691 2 | 1.340 6 | 1.753 1 | 2.131 5 | 2.602 5 | 2.946 7 |
| 16 | 0.690 1 | 1.336 8 | 1.745 9 | 2.119 9 | 2.583 5 | 2.920 8 |

续表

| 自由度 | 0.25 | 0.10 | 0.05 | 0.025 | 0.01 | 0.005 |
|---|---|---|---|---|---|---|
| 17 | 0.689 2 | 1.333 4 | 1.739 6 | 2.109 8 | 2.566 9 | 2.898 2 |
| 18 | 0.688 4 | 1.330 4 | 1.734 1 | 2.100 9 | 2.552 4 | 2.878 4 |
| 19 | 0.687 6 | 1.327 7 | 1.729 1 | 2.093 0 | 2.539 5 | 2.860 9 |
| 20 | 0.687 0 | 1.325 3 | 1.724 7 | 2.086 0 | 2.528 0 | 2.845 3 |
| 21 | 0.686 4 | 1.323 2 | 1.720 7 | 2.079 6 | 2.517 6 | 2.831 4 |
| 22 | 0.685 8 | 1.321 2 | 1.717 1 | 2.073 9 | 2.508 3 | 2.818 8 |
| 23 | 0.685 3 | 1.319 5 | 1.713 9 | 2.068 7 | 2.499 9 | 2.807 3 |
| 24 | 0.684 8 | 1.317 8 | 1.710 9 | 2.063 9 | 2.492 2 | 2.797 0 |
| 25 | 0.684 4 | 1.316 3 | 1.708 1 | 2.059 5 | 2.485 1 | 2.787 4 |
| 26 | 0.684 0 | 1.315 0 | 1.705 6 | 2.055 5 | 2.478 6 | 2.778 7 |
| 27 | 0.683 7 | 1.313 7 | 1.703 3 | 2.051 8 | 2.472 7 | 2.770 7 |
| 28 | 0.683 4 | 1.312 5 | 1.701 1 | 2.048 4 | 2.467 1 | 2.763 3 |
| 29 | 0.683 0 | 1.311 4 | 1.699 1 | 2.045 2 | 2.462 0 | 2.756 4 |
| 30 | 0.682 8 | 1.310 4 | 1.697 3 | 2.042 3 | 2.457 3 | 2.750 0 |
| 31 | 0.682 5 | 1.309 5 | 1.695 5 | 2.039 5 | 2.452 8 | 2.744 0 |
| 32 | 0.682 2 | 1.308 6 | 1.693 9 | 2.036 9 | 2.448 7 | 2.738 5 |
| 33 | 0.682 0 | 1.307 7 | 1.692 4 | 2.034 5 | 2.444 8 | 2.733 3 |
| 34 | 0.681 8 | 1.307 0 | 1.690 9 | 2.032 2 | 2.441 1 | 2.728 4 |
| 35 | 0.681 6 | 1.306 2 | 1.689 6 | 2.030 1 | 2.437 7 | 2.723 8 |
| 36 | 0.681 4 | 1.305 5 | 1.688 3 | 2.028 1 | 2.434 5 | 2.719 5 |
| 37 | 0.681 2 | 1.304 9 | 1.687 1 | 2.026 2 | 2.431 4 | 2.715 4 |
| 38 | 0.681 0 | 1.304 2 | 1.686 0 | 2.024 4 | 2.428 6 | 2.711 6 |
| 39 | 0.680 8 | 1.303 6 | 1.684 9 | 2.022 7 | 2.425 8 | 2.707 9 |
| 40 | 0.680 7 | 1.303 1 | 1.683 9 | 2.021 1 | 2.423 3 | 2.704 5 |

# 附录C 参考答案

## 第1章

**一、选择题**

1. A　2. B　3. D　4. C　5. C　6. A　7. C　8. D

**二、判断题**

1. ×　2. √　3. ×　4. ×　5. ×　6. √

## 第2章

**一、选择题**

1. B　2. A　3. C　4. B　5. B　6. C　7. B

**二、判断题**

1. ×　2. ×　3. ×　4. √　5. ×　6. √　7. ×

## 第3章

**一、选择题**

1. A　2. C　3. B　4. C　5. B

**二、判断题**

1. √　2. ×　3. ×　4. √

## 第4章

**一、选择题**

A

**二、判断题**

1. √　2. ×　3. √

**三、计算题**

【解】

| 组别 | 考试成绩(分) | 学生人数 | 组中值 |
| --- | --- | --- | --- |
| 1 | 60以下 | 5 | 55 |

续表

| 组别 | 考试成绩(分) | 学生人数 | 组中值 |
|---|---|---|---|
| 2 | 60～70 | 8 | 65 |
| 3 | 70～80 | 22 | 75 |
| 4 | 80～90 | 10 | 85 |
| 5 | 90以上 | 5 | 95 |
| 合计 | | 50 | |

$$\bar{x}_{乙} = \frac{\sum x_i f_i}{\sum f_i} = \frac{55\times5+65\times8+75\times22+85\times10+95\times5}{5+8+22+10+5} = \frac{3\,770}{50} = 75.4(分)$$

$$\delta_{乙}^2 = \frac{\sum (x_i-\mu)^2 f}{\sum f}$$

$$= \frac{(55-75.4)^2\times5+\cdots\cdots+(95-75.4)^2\times5}{50}$$

$$= \frac{5\,792}{50} = 115.84$$

$$\delta_{乙} = 10.76$$

$$V_{\delta甲} = \frac{\delta_{甲}}{\bar{x}_{甲}}\times100\% = \frac{10}{80}\times100\% = 12.50\%$$

$$V_{\delta乙} = \frac{\delta_{乙}}{\bar{x}_{乙}}\times100\% = \frac{10.76}{75.4}\times100\% = 14.27\%$$

因为甲班考试成绩的离散系数小于乙班考试成绩的离散系数,甲班考试平均成绩更具有代表性。

## 第5章

**一、选择题**

1. C  2. B  3. B  4. C

**二、计算题**

1.【解】

产量总指数 =(1.03×200+0.98×50+1.10×120)/(200+50+120)=104.6%

2.【解】

三种商品价格总指数为:

$$\frac{\sum q_1p_1}{\sum \frac{1}{K}q_1p_1} = \frac{650+200+1\,200}{\frac{650}{1+2\%}+\frac{200}{1-5\%}+\frac{1\,200}{1+10\%}} = \frac{2\,050}{1938.69} = 105.74\%$$

销售量总指数 = 销售额指数 ÷ 价格指数

$$= \frac{\sum q_1p_1}{\sum q_0p_0} \div \frac{\sum q_1p_1}{\sum \frac{1}{K}q_1p_1} = \frac{650+200+1\,200}{500+200+1\,000} \div 105.74\%$$

$$= 114.04\%$$

## 第6章

**一、选择题**

1. A　2. B　3. A　4. A　5. C　6. D

**二、判断题**

1. √　2. ×　3. ×　4. ×

**三、计算题**

1.【解】

已知总体单位数 $N=500$，重复抽样，样本容量 $n=50$，样本中，赞成的人数 $n_1=32$，得到赞成的比率为 $p=\frac{n_1}{n}=\frac{32}{50}=64\%$

(1) 赞成比率的抽样平均误差为 $\sqrt{\frac{p(1-p)}{n}}=\sqrt{\frac{0.64\times0.36}{50}}=6.788\%$

$F(t)=95\%$，得到 $t=1.96$，计算得此时总体户数中赞成该项改革的户数比率的置信区间为：

$$\left(p-t\sqrt{\frac{p(1-p)}{n}},p+t\sqrt{\frac{p(1-p)}{n}}\right)=(64\%\pm1.96\times6.788\%)=(50.696\%,77.304\%)$$

可知，置信水平为 95% 时，总体中赞成该项改革的户数比率的置信区间为 (50.70%,77.30%)

(2) $n_{重}=\frac{t^2p(1-p)}{\Delta^2}=\frac{1.96^2\times80\%\times(1-80\%)}{5\%^2}=245.86\approx246$

应抽取 246 户进行调查。

2.【解】

(1) 抽样平均误差：

$$\mu_{\bar{x}}=\sqrt{\frac{\sigma^2}{n}(1-\frac{n}{N})}=\sqrt{\frac{12^2}{100}(1-\frac{100}{10\ 000})}=1.19(千克)$$

(2) $\Delta_{\bar{x}}=t\mu_{\bar{x}}=2\times1.19=2.38$

$400+2.38=402.38$(千克)

$400-2.38=397.62$(千克)

若以概率 95.45% 的可靠性进行估计，则该农场 10 000 亩小麦的平均亩产量的可能范围为 397.62 ~ 402.38 千克。

## 第7章

**一、选择题**

1. B　2. C　3. C　4. C　5. A

**二、判断题**

1. ×　2. √　3. ×　4. √　5. ×

**三、计算题**

解：假设检验的步骤。

①提出原假设和备择假设：

$$H_0:\mu \geqslant 20\ \text{kg}$$
$$H_1:\mu < 20\ \text{kg}$$

②确定显著性水平及样本容量。提出假设后,研究人员确定显著性水平 $\alpha=0.05$,样本容量为 $n=200$。

③抽取样本获得样本数据并计算样本检验统计量

样本的平均值为19.5 kg,总体方差已知、大样本($n \geqslant 30$)的情况下,检验统计量为 $z=\dfrac{\bar{x}-\mu}{\sigma/\sqrt{n}}=\dfrac{19.5-20}{1.54/\sqrt{100}}=-3.247$。由于原假设中含有"≥",所以采取左侧检验。

④做出统计决策。

根据事先给定的显著性水平 $\alpha=0.05$,通过查标准正态表得 $-z_{0.05}=-1.645$。由于 $-z_{0.05}>z$,所以拒绝原假设,证据说明这些包装食品的平均重量符合质量管理部门的规定。

## 第8章

### 一、选择题

B

### 二、计算题

【解】 (1)根据上表资料初步计算分析,可视为其逐期增长量大体相等,所以可配合一个直线趋势方程,现列表说明其计算方法。

| 年份 | 粮食产量 $y$ | $t$ | $ty$ | $t^2$ |
|---|---|---|---|---|
| 2013 | 217 | -4 | -868 | 16 |
| 2014 | 230 | -3 | -690 | 9 |
| 2015 | 225 | -2 | -450 | 4 |
| 2016 | 248 | -1 | -248 | 1 |
| 2017 | 242 | 0 | 0 | 0 |
| 2018 | 253 | 1 | 253 | 1 |
| 2019 | 280 | 2 | 560 | 4 |
| 2020 | 309 | 3 | 927 | 9 |
| 2021 | 343 | 4 | 1372 | 16 |
| 合计 | 2347 | 0 | 856 | 60 |

$$a=\frac{\sum y}{n}=\frac{2\,347}{9}=260.78$$

代入

$$b=\frac{\sum ty}{\sum t^2}=\frac{856}{60}=14.27$$

得到 $a=260.78$,$b=14.27$,$y_c=260.78+14.27\,t$

(2)如果将趋势直线向外延伸,可预测该地区2023年的粮食产量,即当 $t=6$ 时,$y_c=260.78+14.27\times 6=346.4$(t)

# 第9章

## 一、选择题

1. A 2. C 3. A

## 二、计算题

【解】 (1)根据表中的资料作散点图。

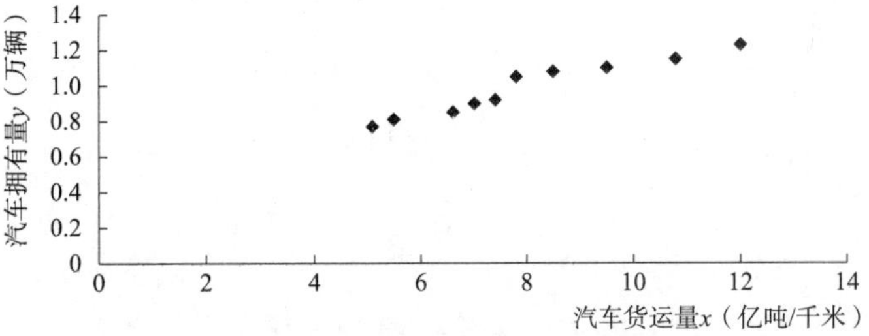


由散点图可以看出,汽车货运量与汽车拥有量相关并且有直线趋势,进一步计算相关系数。

| 年份 | 汽车货运量 $x$(亿吨/千米) | 汽车拥有量 $y$(万辆) | $xy$ | $x^2$ | $y^2$ |
|---|---|---|---|---|---|
| 2011 | 5.1 | 0.77 | 3.93 | 26.01 | 0.59 |
| 2012 | 5.5 | 0.81 | 4.46 | 30.25 | 0.66 |
| 2013 | 6.6 | 0.85 | 5.61 | 43.56 | 0.72 |
| 2014 | 7.0 | 0.90 | 6.30 | 49.00 | 0.81 |
| 2015 | 7.4 | 0.92 | 6.81 | 54.76 | 0.85 |
| 2016 | 7.8 | 1.05 | 8.19 | 60.84 | 1.10 |
| 2017 | 8.5 | 1.08 | 9.18 | 72.25 | 1.17 |
| 2018 | 9.5 | 1.10 | 10.45 | 90.25 | 1.21 |
| 2019 | 10.8 | 1.15 | 12.42 | 116.64 | 1.32 |
| 2020 | 12 | 1.23 | 14.76 | 144.00 | 1.51 |
| 合计 | 80.2 | 9.86 | 82.10 | 687.56 | 9.94 |

相关系数:

$$r = \frac{n\sum xy - \sum x \sum y}{\sqrt{n\sum x^2 - (\sum x)^2} \times \sqrt{n\sum y^2 - (\sum y)^2}}$$

$$= \frac{10 \times 82.10 - 80.2 \times 9.86}{\sqrt{10 \times 687.56 - 80.2^2} \times \sqrt{10 \times 9.94 - 9.86^2}}$$

$$= \frac{30.23}{31.26} = 0.97$$

由此可知,汽车货运量与汽车拥有量之间存在密切的线性正相关关系,可以配合一元线性回归模型。

(2)设将要建立的一元线性回归模型为 $y_c = a + bx$。下面求参数 $a,b$ 的值。

$$b = \frac{n\sum xy - \sum x \sum y}{n\sum x^2 - \left(\sum x\right)^2} = \frac{10 \times 82.10 - 80.2 \times 9.86}{10 \times 687.56 - 80.2^2} = 0.07$$

$$a = \frac{\sum y - b\sum x}{n} = \frac{9.86 - 0.07 \times 80.2}{10} = 0.42$$

故回归模型为：$y_c = 0.42 + 0.07x$

(3)汽车货运量 $x$ 为 15 亿吨/千米，汽车拥有量是 $y_c = 0.42 + 0.07 \times 15 = 1.47$(万辆)。

# 参考文献

[1]李付梅，魏巍．统计学[M]．成都：西南财经大学出版社，2016.
[2]曾自卫，吴霞．统计学原理[M]．上海：上海财经大学出版社，2020.
[3]李贺，相飞，王晓佳．统计学[M]．上海：上海财经大学出版社，2019.
[4]李军．统计学[M]．北京：中国轻工业出版社，2018.
[5]罗良清，平卫英．统计学[M]．北京：北京邮电大学出版社，2015.
[6]王群，武增贵，来燕，等．统计学[M].3 版．长春：吉林大学出版社，2017.
[7]殷晓彦，朱淑梅．统计学原理[M].2 版．大连：大连理工大学出版社，2018.
[8]贾俊平．统计学[M].2 版．北京：清华大学出版社，2006.
[9]阮红伟．统计学[M].2 版．北京：北京大学出版社，2014.
[10]袁卫，庞皓，贾俊平，等．统计学习题与案例[M].4 版．北京：高等教育出版社，2016.
[11]王庚，王芳，詹鹏，等．统计咨询[M]．北京：北京理工大学出版社，2019.
[12]张宏．统计学[M]．北京：北京理工大学出版社，2017.
[13]陈玉兰，张学兵．统计学基础项目教程[M]．镇江：江苏大学出版社，2016.